내 정원의 페치카에서

김형애 수필집

교음사

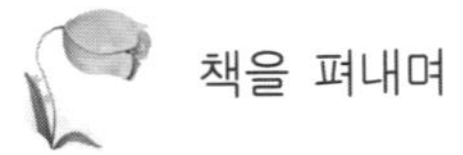

세 번째 가진 크루즈 여행

풀벌레의 향연이 나의 정원에서 벌어지고 있다.

달님도 가던 길 멈추고 슬며시 정원에 내려와 달빛을 쏟고 있다.

뜨거운 폭염에 잘 익어 가는 벼 이삭처럼 흘러간 나의 시간들을 여기 엮어서 네 번째 수필집, 『내 정원의 페치카에서』를 출판한다.

바라기는 이 수필집이 읽는 독자들에게 더운 여름에 지친 몸과 영혼에 청량제가 되었으면 한다.

2014년 한국문협 해외심포지엄이 중남미 브라질 상파울루에서 개최되었다. 방문국으로 브라질, 아르헨티나, 파라과이, 페루였다. 미국 텍사스에서 브라질로 가는 여정도 길었지만 중남미에서 나라와 나라를, 도시에서 도시를 비행기로 12번을 갈아 타면서 다닌 빡빡한 일정이었다.

브라질 리오에 도착한 회원들은 다시 비행기를 갈아타고 상파울루에 도착하여 저녁 늦은 시간에 심포지엄을 개최하였다. 해외문학상은 수필문학 추천작가회 회원인 정하원 선생이 수상을 했다. 나는 그를 문협에 추천하였었다. 그는 브라질 이민 50년사를 편찬하신 분이다. 부에노스아이레스에서는 문인들이 플래카드를 펼쳐 들고 조국의 문인들을 반겼을 때는 동포의 온정이 가슴 깊이 느껴졌다.

2015년 2월말부터 4월 중순까지 미국에 체류하면서 미국 서부 리노영락교회 담임목사 취임식에 참석한 후 서부 여행을 마치고 캘리포니아 Lake Forest에 있는 동생집으로 갔다. 3월 20일 나는 동생들과 함께 New Orleans주에 있는 미시시피 강에서 출발하는 크루즈 배에 올랐다. 2003년에서 2007년에 이어 세 번째 크루즈 여행이었다. 2003년에는 90세이신 어머니와 단 둘이서 떠난 여행이었고, 2007년과 금년에는 동생들과 떠났다. 2007년에 이어 올해도 에메랄드빛 카리브해를 끼고 있는 멕시코, 벨리즈 공화국과 온두라스를 거쳐서 귀국하였다.

30년의 봉사를 마치고 뒤돌아보며 나의 삶 속에서 역사하신 그분의 손길을 밝히기도 하였다. 이 글을 통하여 하나님을 간접 체험할 수 있기를 바라는 마음 간절하다

2013년 『詩가 있는 페치카』의 첫 시집을 펴낸 후 2년 만에 다시 네 번째 수필집을 상재할 수 있어서 감사하다.

오늘에 이르기까지 나의 정원을 함께 가꾸며 페치카에 불길을 타오르게 한 남편과 자녀들에게 고마움을 보내며, 축복하시는 하나님께 큰 감사를 올립니다.

2015년 8월. 가을이 스며드는 서재에서

草祐 김형애

| 김형애 수필집 |

내 정원의 페치카에서

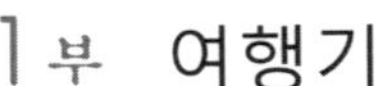

1부 여행기

2부 봄비 속 바이올린

3부 직사각형의 열애(熱愛)

4부 숨겨진 호박 한 덩이

5부 30년 봉사를 마치고

1
여행기

검은 피부에 큰 눈이 왠지 슬퍼 보였다.
이는 세상에 찌든 내가 그를 바라보는 편견일까?
카리브해의 아름다운 바다를 바라보며 살아서인지
그에게서 이 세상의 어떤 티끌도 볼 수 없었다.
튜브를 어깨에 메고 미소 지으며
마야인들이 약으로 썼다는 나무를 손가락으로 가리키기도 하고, 나뭇잎들을
따서 우리에게 그 나뭇잎의 향을 맡아보라며 열심히 설명했다. 우리는 그가
안내하는 거친 숲길을 따라 걸었다.
순간 삶이 동굴을 통과 하는 것 같다는 생각이 든다.

티베트 사람들과 '따롱사원' 개축 낙성식

30도를 오르내리던 기온이 빗줄기로 인하여 23도까지 떨어진 오후 인사동을 거닐다가 중국기획 량쏭웨이와 장평예의 사진전이 눈에 들어와 발길을 아트센터로 옮겼다.

사진전의 주제는 '바로 그 길에서 너를 만나기 위함이다'이다.

이것은 청나라 강시황제 45년(1706년)에 티베트의 6대 달라이라마, 창양쟈쵸를 창살 수레에 몸을 결박하여 싣고 북경으로 압송되는 여정 중에 지은 한 수의 시에서 유래한 것이다.

당시 티베트를 점령하고 있던 몽골이 청나라를 무서워하며 15살된 6대 달라이라마, 창양쟈쵸를 청나라 황제에게로 끌고 가는 중에 자신이 죽어서 도착할지, 살아서 도착할지도 모르는 혼돈 가운데 있었다. 그때에 티베트 사람들, 장족을 바라보는 창양갸쵸의 마음은 애잔하였다. 그리하여 자기 민족의 애환을 부처님께 향한 시로 남겼다

어느 하루, 눈을 감고 경전 향 연기 중 불현듯/ 너의 가벼운 진언을 듣는다./ 어언 한 달, 내가 모든 전경통을 돌리는 것은 해탈을 위함이 아니라/ 너의 손끝을 만지기 위함이다./ 어느 일 년, 산길에 머리 숙여 포복하는 것은/ 알현을 위함이 아니라/ 너의 따스함을 느끼기 위함이다./ 어느 일생, 산을 지나고 물을 지나고 불탑을 지나는 것은/ 내세를 위함이 아니라/ 바로 그 길에서 너를 만나기 위함이다.

위의 시에서 마지막 절을 따온 사진전 주제 제목이다.

량쏭웨이 작가는 하남성 출신으로 2004년부터 10여 차례 티베트를 방문하여 사진을 찍었다. 사진은 붉은 불경을 펼쳐 놓은 호수로 부터 시작하였다.

고원의 고결함, 라마승, 티베트 사람들의 소박, 평범한 가운데 행복한 생활을 하는 모습을 웃는 얼굴에서 잡았다. 장족은 그들이 처한 환경에 관계없이 해맑게 웃는다. 고행과 수행으로 마지막 안착지인 유토피아 '상그릴라'로 귀결시켰다.

장평예 선생은 흑룡강 출신의 직업 예술가이다. 그는 2007년 7월 10일 사천성을 통해 티베트 지역에 들어가 따롱사원 개축 낙성식에 참석하였다.

해발 5,000미터가 넘는 곳에 고산병(산소 부족으로 두통과 구토가 생기는 병)을 참아가며 티베트 남부지역에 위치한 따롱사원에 이르렀다.

그 사원은 800여 년 역사를 지녔으므로 무너진 사원을 개축하기 위하여 티베트 사람들은 보시를 시작하였다. 그러나 따롱사원을 개축하는데 드는 비용을 모을 수 없었다. 이 소식을 들은 중국의 사업가 한 분이 전액을 보시하였다. 장평예 선생은 그 중국 사업가와 함께 낙성식에 참가하였다.

장족들 600여 명은 멀리서 말을 타고 이들을 영접하기 위하여 달려왔다. 그 무리를 보고 장평예 선생은 감격하였으며 성전개축식을 사진으로 담아 이번에 전시하였다. 많은 사진 중 이번에 전시한 '성전축하 · 6은 그 중국 사업가가 티베트 사람들의 축복의 하얀 천을 머리부터 등 전체까지 덮은 뒷모습을 담았다. 아쉽게도 그의 얼굴 모습은 볼 수 없었다.

티베트 사람들이 이 세상의 삶을 초월한 평온한 미소를 짓는 것은 종교적인 그 붉은 불경에 모든 고통을 쏟아 부어 물처럼 흘러 보내기 때문이 아닌가 한다. 장족들은 오체투지(五體投地)의 절을 하면서 부처님의 생각에 가까이 간다. 오체투지는 머리와 가슴, 팔, 다리, 배 등 신체의 다섯 부분을 땅에 접촉시켜 하는 절을 말한다.

사진가이며 사업가인 량쏭웨이는 티베트 사람들의 모습을 담았으며 장평예는 환불 4인상과 성전개축식을 주로 담아서 전시하였다.

갤러리에 들어섰을 때에 마침 량쏭웨이 씨와 통역하시는 분이 있어서 작품에 관한 모든 궁금증을 풀었으며 함께 기념사진까지 찍고 나왔으나 나의 마음 한편에서는 티베트의 6대 달라이라마, 창양챠쵸의 애수가 오늘을 살아가는 티베트 사람들에게 아직도 남아 있어 안타까운 생각이 들었다. (2013. 6.)

코즈멜에서 ATV(전지형 만능차)를 타고

관광객들이 그룹을 지어 몰려다니는 뉴 올리언스(New Orleans)의 오후는 뜨거운 햇살로 더욱 열기를 더하였다.

시내를 벗어나 미시시피 강에 정박되어 있는 크루즈, Norwegian Dawn에 승선한 것은 오후 4시경이었다. 미시시피 강물은 붉은 흙탕물로 남실거렸다. 몇 시간을 항해하였는지 석양이 물빛을 아름답게 만들었다. 배는 밤새도록 항해를 계속하여 다음 날 멕시코 코즈멜에 정박했다.

나는 2007년에 여동생 둘과 함께 크루즈, Carnival Conquest로 이곳을 여행한 일이 있었다.

멕시코 코즈멜 현지인과 함께

코즈멜섬은 폭이 14km, 길이가 50km로 유카탄 반도의 동쪽에 자리 잡고 있다. 멕시코에서 가장 큰 섬이다. 이곳은 화려한 산호초 바다로 세계에서 손꼽히는 스노쿨링 장소로 유명하다. 코즈멜은 마야어로 '제비들의 장소'라는 의미이며, 마야인들은 풍요와 출산의 여신인 익스헬을 숭배하였다. 여기에는 또한 마야 유적지와 정글에서 서식하는 여러 종류의 새들을 관찰할 수 있다.

2007년에는 나 혼자 ATV를 운전하며 정글의 모험을 체험했었다. 당시에는 전날에 비가 와서 정글의 험악한 길이 진흙탕 물이 고여 있어 ATV를 운전하고 가는 나의 얼굴과 안경까지 흙탕물이 튀여서 엉망이었다. 머리에 쓴 헬멧까지 흙탕물로 뒤범벅이 되었다.

오늘은 ATV에 double seater를 택하여 동생에게 운전하게 하였고, 난 뒷좌석에 앉았다. 첫째 동생은 유난히 겁이 많았다. 그러다보니 동생이 운전하는 것이 큰 위험을 주는 듯하여 불안했다. 운전 면허증을 가지고 갔더라면 내가 할 수 있었을 텐데. 운전하는 사람은 꼭 운전면허증을 여행사 직원에게 보여 주어야만 했다. 둘째 동생은 남편이 운전을 하고 자신은 뒷좌석에 앉았다. 그들은 안정된 모습이었다.

가이드는 ATV를 타고 앞장서서 길을 안내했다. 가다가 마야문명의 흔적지가 있으면 내려서 설명을 하고 또 달리고를 계속했다.

나는 동생의 꽁무니를 꽉 잡고 있었다. 울퉁불퉁한 길을 불안하게 운전하는 그녀에게 나는 "잘했어, 잘 했어"하며 격려를 아끼지 않았다. 그러나 나의 마음은 온통 불안 속에서 떨고 있었다.

10여 분을 달렸을 때에 물이 고여 있는 웅덩이가 나타났다. 동생은 여기서 브레이크를 잡아 멈추고 말았다. 액셀러레이터를 밟아도 나가지 못하고 흙탕물만 튀었다. 난 동생에게 액셀러레이터를 힘껏 밟아 나가라고 하였다. 동생은 나의 말대로 하여 흙탕

물을 벗어 날 수 있었다. 뒷좌석에 앉아 있는 난 식은 땀이 흘렀다. ATV를 타고 일렬로 가는 20여 대의 차에서 나오는 요란한 소리와 함께 일산화탄소와 먼지가 뿌옇게 길을 메우며 냄새를 피웠다. 우여곡절 끝에 동생은 ATV adventure를 무사히 마쳤다. 마야인들의 흔적을 가이드는 가끔 설명해 주었으나 동생과 나는 온통 운전하는데 신경을 쏟아 듣지를 못하였다. 다만 마야인들이 할아버지 가족, 아버지 가족, 아들의 가족이 함께 살던 동굴의 방은 볼 수 있었다. 그들은 대가족 제도를 좋아했던 것 같다. 이러한 모습은 벨리즈(Belize) 국가의 산타크루즈(Santa Cruz)에 살고 있는 마야인의 후예들이 요즈음도 4대가 지붕을 맞대고 살고 있는 모습에서도 발견할 수 있다.

가이드가 나누워 준 헬멧과 보호 안경을 돌여준 후 우리는 스노쿨링을 하기 위하여 대기 중인 버스에 몸을 실었다.

카리브해의 초록색 물속에 먼지를 뒤집어 쓴 몸을 담그고, 투명하게 보이는 바다 밑에서 유유히 거니는 각양각색의 열대어들을 바라보며 스노쿨링을 즐겼다.

정글을 ATV로 불안하게 달리던 마음은 다 씻어 내리고, 바다는 나의 가슴에 평안과 아름다움만을 안겨 주었다.

겁쟁이 동생이 운전한 ATV Adventure는 이번 크루즈 여행에서 잊지 못할 스릴을 안겨 주었다. (2015. 3.)

로아탄섬에서 Glass-Bottom Boat를 타고

섬은 중앙아메리카에 있는 온두라스 공화국에 속해 있다.

돌고래 서식지로도 알려져 있는 온두라스 베이제도(Bay Islands)의 섬 중 가장 큰 섬으로 본토에서 약 60km 떨어진 동쪽에 위치하고 있다.

이 섬은 서기 1502~1504년 콜럼버스의 4차 아메리카 항해 동안에 처음 발견된 곳이다. 섬 주변 바다는 거대한 암초가 울타리처럼 있어 다이빙과 스노쿨링, 낚시, 크루즈의 관광 명소로 알려져 있다.

나도 Norwegian Dawn Cruzie Line으로 이곳에 오게 되었다.

혼두라스인들이 관광객을 환영하는 모습

크루즈 배는 벨리즈를 떠나 밤새도록 항해하여 아침에 온두라스에 도착을 하였다. 크루즈 배의 12층 식당에서 아침을 마친 후 나는 동생들과 함께 로아탄 섬에서 보트를 타기 위하여 배를 떠났다. 아침 9시 15분에 스케줄이 잡혀 있어 밖으로 나오니 관광객을 맞이하는 가이드가 Roatan Glass-Bottom Boat라는 피켓을 들고 서 있었다. 여기에 줄을 선 사람들은 20여 명 되었다. 명단을 체크한 가이드는 바로 버스 기사에게 출발하자고 하였다. 육지를 30여 분 달려서 우리는 보트를 탈 터미널에 도착하였다.

바닷가에 나무로 다리를 만들어 물 위에 세워진 건물과 연결시켰다. 가이드는 우리가 탈 보트가 아직 들어오지 않았으니 건물 안에서 기다리라고 하였다. 그곳에는 간단한 스낵과 커피 등 음료수를 팔았다.

동생들과 바다를 배경으로 사진을 찍으면서 기다리는 시간을 보냈다. 가이드에게 보트가 오려면 얼마나 시간이 있느냐고 하였더니 20여 분 더 있어야 된다고 하기에 바닷가 옆에 즐비하게 있는 상가로 발걸음을 옮겼다.

상가에는 면 티셔츠, 수를 놓은 어깨끈이 긴 조그만 백, 해변에서 간단히 몸에 두를 수 있는 타올, 바다에서 주은 조개로 만든 공예품 등을 팔았다.

바다 밑으로 내려갈 Glass-Bottom Boat가 도착하였다고 뚱뚱한 흑인 가이드가 호들갑을 떨며 우리를 내려오라고 하였다.

우리는 모두 내려와서 보트 선원의 도움을 받아 두 명씩 앉을 수 있는 좁은 선실로 들어왔다. 보트의 양옆은 투명한 유리로 되어 있었다.

보트는 순식간에 바다의 깊은 곳으로 내려왔다. 색깔이 다양한 열대어들이 보트 주변을 오락가락 하였다. 보트에 탄 사람들은 탄성을 터트리며 카메라에 열대어의 모습을 담았다. 떼를 지어 다니는 고기들도 있고, 노란색 몸통에 까만 줄이 그어진 열대어들이 적당한 간격을 두고 다녔다. 뒤이어 가자미처럼 생긴 넓적한 고기떼들이 보트로 몰려들었다. 코발트색 열대어들도 물살을 가르며 짝을 지어 지나간다. 바다는 온통 초록빛이었다. 가끔 산호초도 보였고, 지상의 도로처럼 양옆은 초록인데 가운데가 도로인양 하얗게 길게 뻗어 있는 곳이 자주 보였다. 가이드는 이곳에서 다이빙 선수들이 훈련을 하기도 하고 스노쿨링을 하기도 한다고 했다.

보트는 40여 분 동안 우리에게 바다 밑을 구경시켜 주고 출발점으로 돌아왔다. 함께했던 관광객들은 "Wonderful, Wonderful, Beautiful." 하며 그들의 감정을 표현하였다.

우리는 다시 버스를 타고 크루즈가 정박해 있는 곳으로 향하였다. 버스 가이드인 흑인 아줌마는 자신의 생활 이야기를 하면서 온두라스 사람들의 가정 이야기를 들여 주었다.

자신은 집에 가면 저녁 식사 후 남편을 15분간 안마를 해준다고 한다. 보통 30분간 아녀자들은 남편을 안마해 주는데 자신은 가이드로 일하기 때문에 15분만 해준다고 한다. 아이들은 넷이나 된다고 했다. 둘은 이미 결혼시켰다고 했다. 온두라스에서는 부모를 섬겨야 한다고 했다. 자기도 시부모와 친정부모를 섬긴다고 했다.

얼마 전에는 친정 부모님 집에 페인트칠을 해주고 식량과 옷까지 챙겨 드렸다는 것이다. 혼자 다 했느냐고 물었더니 자기의 여동생과 남동생과 함께 했다며 나에게 윙크를 보냈다. 시부모님 댁에도 수시로 들여서 필요한 것을 사 드리고 온다고 했다.

가이드의 말을 듣고 보니 우리나라에서는 점차 부모들이 설 자리가 없는데 비하여 온두라스는 부모들이 살만한 천국이라는 생각이 들었다.

그녀의 이야기를 듣다보니 어느새 버스는 정박한 크루즈 배의 몸체를 바라보고 있었다. (2015. 3.)

Louisiana에 살던 대농장주

미국 서부에 살고 있는 동생 집을 떠나 비행기로 4시간 정도 날아서 New Orleans에 도착한 것은 현지 시간 오후 1시30분 경이였다.

동생들과 펜션 746호에 짐을 풀었다. 펜션 안의 거실에 걸려 있는 거울 위에 'NOLA'라는 글씨를 크게 써 붙여놓았다. 이는 New Orleans Louisiana를 줄인 것이라고 했다. 모든 펜션에는 호수가 적혀 있어서 찾기도 쉬웠다. 점심은 피자와 콜라로 하고 동생 남편이 렌트한 차로 우리는 곧장 미시시피 강을 바라보며 고속도로로 들어갔다.

대농장주의 집

햇볕이 따갑게 살갗을 자극한다. 선글라스를 끼고도 들판에 부서지는 햇살의 번득임에 눈이 부셨다.

30여 분을 달려서 우리는 루이지애나(Louisiana)에 위치한 대농장주가 살던 Destrehan Plantation에 도착하였다. 입구에서부터 초록색 잔디가 깔려있는 넓은 정원이 가슴을 트이게 한다. 여기 저기 수 백 년 된 듯한 oak tree가 큰 몸통에 가지가 찢어지도록 늘어져 진초록 잎을 너풀거리고 있다.

집은 2층으로 되어 있으나 1층에는 음식을 따듯하게 데우는 부엌과 와인 등을 차게 보관하는 저장고는 따로 분리되어 있었고, 지하에는 독을 두어 음식을 저장했다. 집을 지을 때에 미시시피 강에서 불어오는 바람이 통과 하도록 통풍에 신경을 썼다고 한다. 이집에는 장애자를 위한 엘리베이터도 설치되어 있다. 집은 West Wing과 본채, 그리고 East Wing으로 되어 있었다.

West Wing 1층에 음식을 데우는 warming kitchen이 있고 East Wing 1층에는 농장주였던 Herbert J. Harvey의 유물이 전시되어 있다.

본채에는 농장주의 거실, 식당, 응접실, 부부침실, 자녀들의 침실등과 그들이 사용했던 그릇과 가구가 넓은 평수를 차지하고 있었다.

이 집은 1700년 초에 지어진 집이나 지금은 농장주나 후손은 관리에서 손을 떼고 River Road Historical Society(미시시피 강 유역의 역사적인 유물을 관리하는 지역 사회의 관리소)로 넘어 갔다.

이 건물 뒤로 장미정원이 아름답게 가꾸어져 붉은 색, 노란색, 분홍색, 흰색 등의 장미가 새콤한 향기를 뿜으며 관광객들을 맞이하였다.

장미정원을 지나 잔디밭을 15분 이상 걸었을 때에 좌측에는 우리가 옛날에 사용하던 펌프로 물을 퍼 올리는 Water well(우

노예들이 사용했던 농기구

물)이 보였다.

우측에는 slave cabins(노예의 집)이라는 표지판이 있었다. 표지판을 보고 들어가 보니 겉도 허술한 토담집 같이 보였으나 집 안은 노예의 집답게 옷감을 짜는 베틀이며 농기구가 빼곡히 벽에 걸려 있거나 흙바닥인 부엌에 널브러져 있었다.

이곳의 농장주였던 Herbert J. Harvey와 Azby Destrehan

은 처음엔 흑인 노예를 몇 십 명씩 사서 노동을 시켰으나 어느 때 부터인가 그들의 생각을 바꾸어 돈을 주고 산 남녀 노예를 부부로 만들어 아이를 낳게 하여 노예를 돈 안주고 늘였다고 했다. 농장주들의 악행이 보이는 이야기이다.

처음에 노예는 17명이였으나 나중에는 156명으로 늘어났다.

미국에서 Civil War(남북전쟁 -노예해방 전쟁)이 일어나지 않았다면 위와 같은 대농장주들의 비인간적인 행동은 계속되었을 것이다.

미시시피 강에 석양이 드리워지는 모습을 보며 온갖 수난을 당한 노예들의 피와 땀방울이 저 핏빛의 석양처럼 이 넓은 평야에 물들어 있다. (2015. 3.)

사장인 버스기사

8월 13일 오후 독일 프랑크푸르트의 날씨는 쾌청하였다.

서울에서 11시간 비행기를 타고 온 우리는 대기하던 버스에 올라 숙소인 호텔로 이동 중, 독일에서 법학을 10년째 공부하고 있다는 가이드 남자분이 버스기사를 소개하였다. 체코인이며 40대의 관광버스를 가지고 운영하는 사장이라고 소개했다. 오늘부터 8월 22일 스위스의 제네바를 떠날 때까지 10일간 운전을 담당할 것이라고 말하였다. 순간 그만한 재력이 있음에도 일을 계속하는 운전기사가 존경스러웠다. 버스 안에 있는 우리 일행은 박수로 그와의 만남을 환영하였다.

알프스 산맥

종교개혁자들의 발자취를 따라 유럽을 여행하는 우리 팀은 프랑크푸르트, 종교전쟁의 최대 피해지인 하이델베르크에 있는 루터 탄생 500주년 기념물과 성령교회를 돌아보고 루터가 로마 교황청으로부터 파문을 당한 보름스에 도착하였다. 이곳에는 루터가 재판받은 곳과 종교 회의장이 있었으며 루터와 종교개혁의 선구자인 에르바르트, 얀 비크레프, 얀 후스, 사보나로라의 동상이 있었다. 저녁 6시경 기사는 우리를 다시 프랑크프르트로 데려왔다.

그는 2시간을 운전하여 독일의 폴다에 이르게 하였다. 이곳은 네덜란드에서 순교한 최초의 선교사 보니파치우스 성인이 활동하

운전기사 후랑크 씨와 숙소 앞에서

던 성 프란치스코 수도원이 있었다. 12시경 폴다를 떠나 마틴 루터의 성지이며 음악의 아버지 바흐의 고향인 아이제나흐에 도착하였다. 1521년 루터가 연설하였던 게오르크 교회와 독일다운 중세의 바르트부르크 성(이곳에서 루터는 성경을 독일어로 번역하였음)을 돌아보았다. 옛날 취향이 남아 있는 루터의 집과 카를스 광장에 있는 루터의 동상을 보고 감회에 젖었다.

이후 1시간 30분을 운전하여 에르푸르트에 도착하여 에르푸르트 대학과 성메리 교회를 순례하였다. 8월 16일 에르푸르트를 떠나 아이슬레벤에 도착, 마틴 루터의 생가와 아드레아 교회를 돌아보고 1시간 30분을 운전하여 비텐베르크에 도착하였다. 이곳에서 마틴루터가 1517년 면죄부의 죄악성을 간결하게 열거한 95개조 항의문을 붙였던 성곽교회와 루터 박물관, 루터와 함께 종교개혁운동을 한 멜란히톤의 집을 둘러보았다. 이곳에는 루터가 설교한 성 마리엔시 교회와 루터의 묘, 루터 대학이 있다.

2시간을 운전하여 비텐베르크에서 라이프지히에 도착하여 숙소로 향하였다.

라이프지히에서 4시간을 운전하여 체코프라하에 도착한 것은 8월 17일 오후 1시경이었다. 현재 일부 대통령 관저로 이용되고 있는 프라하 성, 성비트 교회, 황금소로 순례를 마치고 카를교(블타 강의 경치, 영화 '미션임파서블'의 촬영지)와 유네스코 문화유산인 구시가지 광장 및 천문시계, 틴 성당, 바츨라프 광장을 둘러보고 숙소인 Wienna Galaxie Hotel에 도착한 시간은 오후 7시가 다 되어서였다.

호텔에서 조식을 하고 후스의 종교 개혁지인 체코의 타보르에 도착하기 위하여 그는 2시간을 운전하였다. 후스의 종교개혁지인 지하와 후스파의 얀 지스카 장군, 후스 박물관, 지스카 광장, 그리스도의 변용교회를 순례하고 체스키크롬노프로 왔다.

8월 19일 체코 체스키크롬노프를 출발한지 3시간 만에 오스트리아 잘츠부르크에 도착했다. 이곳은 음악가 모차르트와 지휘자인 카라얀의 고향이다.

조수미가 성공하게 된 것은 지휘자인 카라얀이 그녀를 우수하게 보고 이끌어 주었기 때문이라는 가이드의 멘트가 있었다.

호엔잘츠부르크 성, 미라벨 공원, 구시가지, 모차르트의 생가, 모차르트가 세례를 받았던 대성당을 돌아본 후 영화 사운드 오브 뮤직 촬영 배경지인 잘츠컴머구트로 이동하였다. 알프스의 산맥에서 눈이 녹아 흐르는 물이 모여 호수가 되었다는 곳이 7, 8개 된다고 한다. 그중에 기사는 잘츠컴머구트로 우리를 안내하였다. 호수 주위에는 여름 피서객들이 수영복 차림으로 수영을 하거나 나무 그늘에 앉아 있거나, 일광욕을 하거나 수영을 하는 사람들로 차 있었다. 또한 하얀 요트에 몸을 싣고 바람 따라 호수를 즐기는 사람들도 꽤 많았다. 우리 일행은 유람선을 타고 호수 주위를 한 바퀴 돌았다. 호수의 물빛은 에메랄드의 빛이다. 환상적인 풍경에 젊은이들은 탄성을 뿜었다. 호숫가에는 그림같이 예쁜 집들이 창가에 꽃들을 장식하고 관광객들의 눈길을 끌었다.

8월 20일 잘츠부르크에서 3시간을 이동하여 인스부르크에 도착하였다. 이곳에서는 황금의 작은 지붕, 개선문, 마리아 테레지아 거리 등을 관광한 후 버스는 4시간 40여 분 걸어서 스위스 루째른에 도착했다. 이곳은 종교개혁가 츠빙글리가 활동했던 곳이다.

호텔은 알프스의 산맥이 누워있는 아름답고 조용한 시골이었다. 만년설이 녹아 폭포를 이루고 계곡으로 흘러내리는 물소리가 조용한 산골에 울려 퍼진다. 산맥에 잇대어 있는 초원에는 젖소가 워낭 소리를 내며 한가로이 풀을 뜯고 있었다. 어두움이 스며드는 산골은 적막한데 200년이 되었다는 베네딕트 수녀원에서 저녁미사를 올리는지 종소리가 은은하게 들려온다.

새벽에 수녀원의 종소리와 교회의 종소리에 잠이 깼다. 이곳에서는 모닝콜이 필요 없다는 가이드의 말이 맞았다. 수녀원과 교회에서 울려 퍼지는 종소리가 가슴에 묻혀 메아리 치고 계곡의 물소리는 영혼의 찌꺼기를 씻어주었다. 한없이 머물고 싶은 곳이다.

창밖으로 산맥을 바라보니 짙은 어두움이 깔려있다. 어두움이 거치면 산책을 나가리라 마음먹고 다시 침대에 누웠다. 한 시간가량 지났을까 어두움이 거치는 것 같아 룸메이트를 깨워 함께 길로 나갔다. 우리를 안전하게 여기까지 태우고 온 운전기사 체코인 후랑크 씨도 잠이 깨였는지 호텔 밖에서 서성거렸다.

나는 그에게 다가서서 인사를 나누고 스위스는 처음이냐고 물었다. 그는 처음 온 것이라며 아주 아름다운 곳이라고 했다. 피곤하지 않느냐고 했더니 이곳에 오니 모든 피곤이 풀린다며 그도 이 아름다운 알프스 산맥 자락의 시골 풍경에 취해 있었다.

나는 함께 산책을 하자며 그에게 권하였다. 지금까지 운전만 하였기 때문에 말을 나눌 시간이 없었다. 나의 룸메이트인 친구와 기사와 함께 우리는 어둠이 가시지 않은 산골 마을의 차도를 걸었다. 나는 그의 가족에 대하여 물었다. 두 딸이 있으며 35세, 32세로 둘 다 결혼하여 자기는 할아버지라고 했다. 사장이 된지는 28년 전이라고 한다. 이렇게 장시간 운전하는 것이 힘들지 않느냐고 하였더니, 힘은 들지만 회사 안에서 운전기사들의 마음을 이해하는데 큰 도움이 된다고 하였다.

지금까지 운전을 하는 모습에서 베테랑인 것을 알 수 있었다. 버스 안 앞좌석에 앉아 있던 나는 몇 번씩이나 깜짝 깜짝 놀랐다. 협소한 골목길을 대형버스가 들어가 회전할 때는 마치 옆 건물에 부딪칠 것만 같아서였다.

각 나라의 구시가지는 대부분 협소하여 차가 들어가기 힘들었다. 그러한 곳을 이리저리 버스 꽁무니를 돌려서 빠져 나오는 모습이 마치 묘기를 보는 듯하였다.

나는 그의 운전 솜씨를 마음껏 칭찬하였다. 그는 고맙다며 나의 어깨를 툭툭 쳐주었다. 계곡의 물소리를 들으며 30여 분 길을 걷다가 호텔로 돌아왔다. 나는 후랑크 씨에게 사진 한 장 찍을 테니 방으로 들어가지 말라고 한 후 카메라를 들고 나와 호텔 앞에서 기념사진을 찍었다.

그는 스위스에서 츠빙글리가 세운 신학아카데미(현 취리히대학), 스위스 종교개혁의 본거지인 베른의 윈스터 성당, 칼뱅이 1559년 세운 '제네바 아카데미'(현 제네바대학) 칼빙이 종교개혁을 선포한 성 피에르 성당, 칼뱅이 묻힌 무덤과 종교개혁 비(칼뱅, 파렐, 베제, 녹스) 석레만 호수를 보게 한 후 TGV(파리 초고속 열차)를 타는 데까지 운전을 한 후 체코로 돌아가게 된다.

회사를 운영하는 사장으로써 사원들을 이해하기 위하여 또한 그에게 주어진 시간을 값지게 쓰기 위하여 그 많은 시간을 운전하는 모습에서 삶의 진지함을 볼 수 있었다. 햇볕이 강열한 낮 시간에 운전은 후랑크 씨의 얼굴을 홍당무처럼 빨갛게 익힐 뿐만 아니라 땀방울이 빗방울처럼 얼굴을 적셨다.

내가 후랑크 씨처럼 사장이라면 저토록 열심히 일할 수 있을까. 아니 전혀 생각할 수 없는 일이다. 그러나 후랑크 씨를 만나서 나의 생각은 바뀌었다. 노년을 나만 편하게 살기보다는 다른 사람의 불편함을 더욱 이해하여 사회의 소통과 안정에 조금이나마 이바지 하는 것이 내가 할일이 아닌가 한다.

알프스 산맥과 녹색초원을 빠져 나오는 낭떠러지기 산길에는 나뭇잎 사이를 빠져나온 햇살이 반짝이며 눈인사를 한다. 후랑크씨는 조심스럽게 좁은 산길을 헤쳐 나간다. (2012. 8.)

고려인, 까레이스키

2007년 8월 볼고그라드에 파송된 L 선교사를 뵈러 갔다.

그해 한국의 여름은 무척 더웠다. 볼고그라드로 가기 위하여 먼저 모스코바 쉬르메쩨보공항에 도착하였을 때에 기온은 서울보다 높았고, 국내선으로 바꿔 타고 도착한 볼고그라드는 모스코바보다 2도가 높은 섭씨 36도였다.

미니버스를 타고 선교사의 사역지로 가는 도중에 농작물을 길옆에 놓고 파는 고려인들을 보았다. 검게 탄 그들의 얼굴에는 굵은 주름이 도랑처럼 패여 있고, 의복은 남루하기 짝이 없었다. 수박, 오이, 피망, 등을 한 무더기씩 쌓아 놓고 내려쬐는 땡볕에서 천막도 없이 손님을 기다리고 있었다.

L 선교사는 그들을 아는지 차창 밖으로 손을 내밀며 인사를 하였다. 그들도 반색을 하며 차로 다가왔다. 차를 세운 선교사는 쌓아 놓은 농산물을 반 이상 사서 싣고 다시 먼지바람을 쐬며 광활한 벌판을 달렸다.

당시 볼고그라드에는 3만 명의 고려인이 살고 있었다.

고려인의 역사는 1863년 연해주 포시에트 지역에 13가구가 최초로 기록되어 있고, 1867년 185가구 999명으로 늘었다. 1905년 을사보호조약 이후에는 의병기지화의 역할을 담당했다.

1937년 스탈린의 소수민족 말살 정책의 일환으로 시작된 중앙아시아 강제 이주는 연해주에 살던 18만 명의 한인들을 하루아침에 중앙아시아 사막지대로 몰아넣었다. 이주 과정에서 그들은 굶주림과 추위, 전염병으로 죽어갔다. 1990년 구소련의 해체와 신생 독립국가들의 탄생은 살아남은 고려인들을 다시 유랑민으로 만들었다. 올해는 연해주 이주 150년이 넘는 해이다.

박근혜 대통령의 중앙아시아 3개국 순방은 유라시아 국가들과 상생과 협력의 관계 확대를 위한 것이라고 했다. 박대통령의 방문에서 미래에 우리에게 안겨줄 경제적인 효과는 지대하다고 생각된다. 여기서 우리는 무국적자로 떠돌고 있는 고려인, 까레이스키를 돌아봐야겠다. 스탈린 체제하에서 소수민족은 그들의 언어를 사용하지 못하게 하여 고려인들의 후손들은 대부분 한국말을 못한다. 그러나 그들이 알고 있는 한 가지가 있다. 아버지의 성씨와 고향이다. 그들의 뿌리가 대한민국이라는 것이다.

내가 볼고그라드를 여행하였을 때에 볼가강가에서 큰 공연이 펼쳐졌다.

황혼의 석양이 강물에 드리워져 파도에 출렁이는 모습은 은파가 아닌 금파였다. 이를 배경으로 설치된 무대에서는 가수들과 무희들이 현란한 조명을 받으며 노래와 춤을 추웠다. 젊은이들이 토해 내는 기쁨의 함성으로 귀가 찢어질 듯 했다. 이 행사는 매년 9월 12일에 이 도시의 건립을 축하하는 공연이란다. 후원자는 우리나라 기업인 LG라고 했다. 약 6만이 모인다고 하는데 여기에 고려인 젊은이를 나는 찾을 수가 없었다. 대한민국의 기업이 후원하는 공연장인데 왜 우리의 고려인은 없단 말인가? 갑자기 가슴에 슬픔이 밀려오며 농산물을 팔고 있던 고려인들의 거칠고 갈라진 손이 눈에 아른거려 마음이 아팠다.

우즈베키스탄을 방문한 박근혜 대통령은 고려인 동포에 대한 사증제도 개선과 안정적인 한국체류지원, 동포 2세들에 대한 한글교육 지원을 약속하였다. 동포간담회에는 박 빅토르 고려문화

협회장, 이흑연 한인회장, 박강윤 프랜드아시아 이사장과 65명의 고려인 동포 대표들이 참석했다. 현재 우즈베키스탄에는 18만의 고려인이 살고 있으며, 카자흐스탄에 10만 명, 사할린 4만 명, 키르기스스탄 2만 명, 하바로프스크 3만 명, 기타지역에 살고 있는 고려인을 포함하면 약 40만 명이라고 한다.

대한민국을 자신들의 조국이라고 생각하는 고려인들을 우리도 동포로 받아 드리며, 오랜 동안 조국을 가슴에 품고 슬픔을 견디여 온 까레이스키의 눈물을 닦아 주어야겠다.

박근혜 대통령의 동포 간담회에서 고려인 대표들에게 약속한 것을 큰 박수로 환영한다. 대통령뿐만 아니라 대한민국 국민 모두는 고려인들에게 따듯한 마음을 주어 그들이 받아온 상처를 감싸주며 더욱 많은 지원을 아끼지 말아야 하겠다.

(월간 『조선문학』 2014. 12월호)

리오 카니발

뜨거운 햇살 속에 리오 카니발이 열리는 텅빈 경기장을 찾았다. 브라질 리오 카니발은 세계의 주목을 집중시키는 축제이다.

지금은 축제가 끝난 후 2개월이 지난 시기이므로 을씨년스런 좌석만 층층이 보였고 무희들이 열광적인 삼바춤을 추던 운동장은 먼지만 날렸다. 그래도 축제의 흔적을 느낄 수 있는 상점이 두어군데 있었다.

그곳에서는 무희들이 입는 드레스와 화려한 장식이 달린 모자, 깃털 등을 빌려 주며 입고 사진을 찍으라고 했다. 관광객 중 몇몇이 들어가서 옷을 갈아입고 나와 운동장 가운데서 사진을 찍는다.

삼바춤은 농장주의 노예로 일하던 흑인 여자 노동자들이 농장주의 환심을 사서 그 신분이 올라가고 노예의 신분을 벗어나고자 추기 시작했다. 지금은 그 초기의 발단을 벗어나 완전히 국가의 한 축제로 발전했다.

브라질은 가톨릭 국가로서 사순절을 조용히 보내고 난 후 일주일 정도 지나서 이 카니발 축제가 열린다고 한다. 카니발 축제는 매년 2월초나 3월초에 개최되어 제일 더울 때라고 한다. 그래도 40만 명 정도의 관객이 입장료로 300불에서 최고 500불을 지불하고 관람한다. 제일 잘 볼 수 있는 VIP방은 1,500불이다.

카니발은 밤 6시에 시작하여 새벽 8시까지 계속된다. 이 하루를 위하여 카니발에 참석하는 팀은 일 년을 준비하고 연습한다. 요즈음은 공연일이 3, 4일 계속 되기도 한단다.

브라질의 경제를 생각하면 대단한 소모적인 카니발 같으나 그들의 낙천적이고 낭만적인 국민성을 보면 이해가 된다.

리오카니발을 준비하는 그 열정으로 경제활동을 하여, 브라질 국가의 국민소득이 올라가고 온 국민이 더욱 기쁨을 나눌 수 있는 미래가 펼쳐지기를 바란다. (2014. 5. 1.)

마추픽추의 이슬

페루 우루밤바 오얀따이 탐보역에서 잉카레일(Inca Rail)을 타고 마추픽추로 향했다. 기차는 정적을 울리며 좁은 레일을 1시간 40분 달여서 마추픽추의 아구아 갈리엔터스역에 도착하였다.

우루밤바 강을 끼고 양편에 높은 산들을 바라보며 안데스 산맥 줄기를 감상하게 하였다. 운무(雲霧)가 산허리를 감싸고 흐른다. 멀리 눈이 쌓인 산정상도 보인다. 이강은 아마존의 지류이다.

마추픽추는 세계 7대 불가사의의 하나라고 한다. 5평방킬로미터에 이르러 1만 명 정도가 살 수 있는 요새 도시가 산등성이에 돌로 세워졌으니 그럴 만도 하다.

마추픽추에서

공중도시 마추픽추를 올려다보며 아슬아슬한 계곡을 올라갔다. 얼마 오르지도 않았는데 땀은 등줄기에서 흐르고 얼굴에 흐르는 땀으로 인하여 안경의 시야가 흐려진다. 꼬불꼬불한 산길을 오르다가 숨을 고르기 위하여 잠시 돌 위에 앉았다. 돌 주위에는 풀들이 수북이 자라 있었다. 나는 땀을 식히며 길쭉하게 자란 풀잎과 눈이 마주쳤다. 그 잎에는 이슬이 방울방울 매달려 반짝이고 있었다. 마치 나를 기다리며 반기는 듯이. 거의 정오에 가까운 시간이 되어가고 있는데…. 아침 이슬이라는 말이 있듯이 이슬은 햇볕이 비추면 곧 사라진다.

나는 고개를 갸우뚱 거리며 돌 위에서 일어나 풀잎으로 다가갔다. 분명 이슬방울이다. 대낮에 만난 이슬방울은 세상에서 가장 귀한 보석을 땅에서 남몰래 주은 듯 가슴이 뛰었다. 나의 눈을 의심하며 이슬방울에 손끝을 조심스럽게 놓았다. 손끝에 물기가 닿자 방울은 흩어지고 말았다.

같이 가는 일행이 빨리 오라는 소리에 놀라 자리를 떠서 다시 가파른 계곡을 올랐다. 햇볕이 너무 뜨거워 모자챙에 스카프를 늘어트려서 그늘을 만들어 가며 공중 도시를 향해 걸었다.

돌로 지은 집터가 서서히 나타나기 시작했다. 약 2,200미터의 고지에 어떻게 돌로만 지은 도시를 건설할 수 있었을까. 돌로 지은 집 옆에는 계곡에서 흐르는 물길을 따로 내어 놓았다. 이 물길도 열세 단계를 거쳐서 흐르게 하였기 때문에 아무리 많은 비가 쏟아져도 홍수로 집이 무너지지는 않는다고 한다.

도시 안에는 태양의 신전, 달의 신전, 물의 신전 등이 큰 바위로 만들어져 있다. 물의 신전은 인디오의 말로 '깽꼬, 부까부까라' 한다. 방향을 가리키는 큰 돌이 돌벽 옆에 놓여 있었다. 마침 나치판을 가지고 온 사람이 나침판을 그 돌에 대고 동서남북을 가리키며 맞는다고 한다. 그는 신기하다는 눈빛을 주위 사람들에게 보내며 나침판을 주머니에 넣고 다시 돌담을 돌아서 내려간다.

잉카는 1,000년 전부터 존재하였다. 케추아라는 언어는 있었으나 기록할만한 글이 없어서 구전으로 그 문화가 전해졌다. 암호로 매듭문자라는 것이 있었는데 이는 왕족만이 만들고 해독하였단다. 1904년 잉카가 알려졌고, 1921년 예일대의 한 교수가 마추픽추를 발견하였다.

마추픽추 공중 도시에서 사방을 둘러본다. 높은 산들의 정상과 마주 서서 나는 있었다. 멀리 보이는 산에는 등성이까지 눈이 하얗게 쌓여 있다.

가이드 말에 의하면 아마도 산을 헐어서 거기서 나오는 돌로 이 도시를 만들지 않았을까 추측한다고 했다. 산 아래서부터 돌을 이곳까지 운반하기는 어렵기 때문에 인디오들이 스페인의 침략을 피하여 이곳에 요새를 만든 것이다.

하늘과 맞닿은 돌의 도시를 보고 내려오는 중에도, 나는 오르는 중에 풀잎에서 만난 이슬방울이 눈앞에 아른거린다.

한낮에도 마르지 않는 이슬방울은 스페인의 침략으로 고통 받던 인디오들의 뜨거운 눈물이 아닐까.

페루 리마에 호르께 차베스 공항을 떠나 인천공항에 도착하였어도 그 영롱한 이슬방울은 나의 가슴과 눈에 맺혀 있다.

(『PEN문학』 2015. 1. 2월호)

코스타 마야문명의 현장

3월 26일 저녁 혼두루스를 떠나 카리브해를 밤새도록 항해하여 3월 27일 아침 멕시코의 코스타 마야에 도착하였다.

크루즈 배가 정박한 시간은 8시였으므로 우리 세 자매는 여유 있게 아침을 즐기며 다시 찾은 멕시코의 출렁이는 카리브해를 12층 뷔페식당 창가에서 바라보고 있었다. Shore Excursion(크루즈에서 내려 육지를 돌아보는 짧은 여행이라는 뜻)을 준비하는 관광객들은 그들의 출발 시간에 맞춰 식사를 하고 분주히 자리를 떠난다. 우리가 신청한 Mayan Reality Tour(마야 문명의 현장 투어)는 출발 시간이 11시 15분이므로 아침 식사 후 커피와 디저트까지 먹

마야인 후예 부부와 함께

은 후 케빈에 들여 편안한 복장을 하고 나왔다.

어제까지는 크루즈 배가 정박하기 전 아침 7시경에 식사를 하고 서둘러 수영복을 안에 입고 그 위에 편안한 덧옷을 입고 8시에 정박하자마자 배를 떠나 가이드가 기다리고 있는 곳에 가서 우리가 신청한 여행 피켓을 들고 있는 가이드를 따라 부지런히 쫓아 다녔다. 버스를 타기도 하고 모터보트를 타고 다른 해안으로 가기도 했다.

코스타 마야는 멕시코에서 가장 인기 있는 크루즈 포트이며 마야왕국의 관문이다. 바다에서 45마일 떨어진 곳에 있는 이곳은 마야 문명의 유적지와 마야인의 후예가 전통을 이어 받아 살고 있기도 하다.

마야인의 집에 가기 전에 밀림 속에 있는 마야인들의 템플을 보여 주었다.

템플은 아래는 넓은 평수에 돌을 놓았고 그다음은 그 평수보다 적게 돌을 쌓았으며 이렇게 하여 수십 계단을 만들어 맨 위의 부분은 몇 개의 돌이 얹혀져 있었다. 계단은 올라 갈 수는 있으나 퍽 가파르게 되어 있었다. 이 템플은 돌로 층층이 쌓아서 위로 올라 갈수록 좁아지는 모양이다. 마야인들은 하늘이 13층으로 나누워졌다고 믿었으며 각층은 Oxlahuntiku라 불리는 선

(goodness)과 빛(light)의 신들이 통치하고 있다고 믿었다. 또한 하늘에는 머리가 둘인 뱀이 있다고 하였다. 그 뱀의 몸은 태양과 달, 비너스와 하늘의 다른 몸으로 엮어져 있다고 했다. 땅은 하늘의 가장 낮은 평평한 곳이라고 생각했다.

이 이야기는 『Mayan Gods(마야의 신들)』라는 책자의 일부를 내가 번역한 것이다.

길 양쪽으로 한없는 밀림이 계속되었다. 템플을 지나서 30, 40여 분을 버스가 달였을 때에 나뭇잎으로 지붕을 엮은 집이 있는 밀림으로 들어갔다. 가이드는 다 왔다며 관광객들에게 내리라고 하였다. 그때 마야인의 후손이라며 중년이 넘어 보이는 퉁퉁한 부부가 멕시코의 전통 옷을 입고 우리를 맞이하였다. 그들에게 인사를 하고 가이드가 가리키는 집으로 들어갔다.

그곳엔 성모 마리아의 상이 있었고, 그 앞에는 촛불을 놓은 조그마한 T테이블이 있었다. 우리가 만난 부부는 가이드의 장인 장모란다. 이곳은 그들이 아침저녁에 기도하는 곳이라고 하였다. 그들은 아마도 천주교 신자인 듯하다. 마야인의 후예이나 시대의 변천에 따라 종교를 개종한 듯하다.

가이드는 우리를 조그마한 광장 같은 곳으로 안내하였다. 거기엔 긴 나무 의자를 둥그렇게 놓고 앞에는 식탁으로 사용할 수 있도록 나무상이 둥그렇게 있었다. 그 가운데는 돌로 화독을 만들어서 불을 지펴놓고 있었으며 불 위에는 큰 통이 얹혀 있었다. 점심 준비를 장인 장모가 하였다며 음료수를 주문하라기에 동생들과 나는 코가 콜라를 주문했다. 음료수가 다 서빙 되었을 때에 가이드의 장인은 불 위에서 큰 통을 조심스럽게 들어다 부인 앞에 놓았다. 부인은 통에서 요리된 닭을 꺼내어 손으로 살을 뜯기 시작하였다. 그 다음 무엇으로 만들었는지 붉은 소스가 들어 있는 그릇에 닭고기 살을 넣었다가 타코 피 속에 넣은 후 토마토 한쪽을 옆에 곁들어 반으로 접어 두 개씩 나누워 주었다.

멕시코 음식점에서 타코를 먹어 보았지만 오늘처럼 맛있는 타코는 처음 먹어 본다고 하였더니 나더러 하나 더 가지고 가란다.

타코를 먹으면서 주위를 돌아보니 닭들이 나무 아래서 평화롭게 모이를 쪼고 있었다. 우리나라 토종닭과 흡사했다. 그때서야 나는 타코가 맛있는 이유를 알았다.

나무들이 울창한 농장에는 꽃들이 만발하였고, 가이드는 이 농장주의 딸이 자기 부인이라며 자랑을 한다.

점심을 먹고 나오면서 화덕이 있는 부엌을 들여다보았다. 두 여인이 있었고 한 여인은 밀가루 반죽에서 타코 피를 만들 반죽 덩이를 자그마하게 떼어 놓았고, 다른 여인은 그것을 납작하게 만들어 화덕 위 철판에 계속 올려놓으며 익은 것은 꺼내 쟁반 위에 놓았다. 꽃이 만발한 곳에 물을 담아 놓은 큰 고무 다라가 놓여 있고 긴 호수가 있었다. 화장실에서 일을 보고 손을 못 씻어 찝찝한지라 반가움에 호수를 번쩍 들어 손을 씻었다.

마야인들이 살던 곳에는 Green Tree라는 나무가 있다. 이집에도 여전히 오래된 Green Tree가 서너 그루 있었다. 마야말로 세바라고 하는데 이 나무의 특징은 나무줄기도 가지도 초록이고 나뭇잎도 초록이다. 껍질을 벗겨도 초록이다. 나무의 섬유질이 질겨서 껍질을 벗겨 거기서 나오는 섬유질 실을 엮어서 끈으로 쓰기도 하고 머리띠 등 여러 가지 장식품도 만든다.

마야문명은 열대 밀림지역에 도시를 세워서 시작하였다. 그리하여 비가 오지 않으면 농산물 생산량이 급격히 줄었고, 습한 지역에서는 생산량이 급증하여 전성기를 맞이하기도 하였다. 마야인들은 왕이 기후를 조절할 수 있다고 믿었다. 가뭄이 시작되면 왕에 대한 믿음이 약화되었다. 마야인들은 비가 오지 않으면 비신이 우물 속에 살고 있기 때문에 기우제를 겸해 비의 신, 차크에게 처녀나 어린이를 연못에 던지는 인신공양을 했다. 제물로 자식을 드린 집안은 굉장히 우대하였다.

마야는 고대의 어느 문명보다 수학과 역법, 천문학 등이 발달하여 정확한 달력을 가지고 있었다. 인류의 운명이 태양과 지구에 의해 결정된다는 전설을 믿었다. 그러나 그들의 달력은 2012년 12월 22일로 끝이다. 마야인들은 0을 사용했는데 인도보다 300년 앞섰고 아라비아 상인 보다는 700년 정도 앞섰다.

중앙아메리카의 기후가 AD660~1,000년에 이르러 건조기로 접어들어 농산물이 감소되면서 마야문명도 기울기 시작하였다는 설이 있다.

Norwegian Dawn 크루즈 배의 승선 시간에 맞추어 우리를 태운 버스는 돌아왔다.

각자 옵션으로 짧은 여행을 마친 크루즈의 관광객들이 줄지어 배안으로 들어가고 있다. 크루즈 직원들은 관광객들에게 한사람씩 소독된 물수건을 주어 손을 닦게 하고 한 컵의 냉수를 주어 갈증을 해소 시켜 주었다.

이제 배는 밤새도록 항해하여 내일 아침 미시시피 강 New Orleans에 도착할 것이고, 다음 손님들을 태우고 크루즈는 다시 항해를 계속 할 것이다. (2015. 3.)

벨리즈에서 동굴 튜빙

미국 뉴우 올리언즈(New Orleans)에 있는 미시시피 강에서 출발한 크루즈 놀웨지안 돈(Norwegian Dawn)은 두 번째 날, 3월 25일에 카리브해에 배를 정박했다. 그 후 30~40여 명씩 작은 배에 관광객을 실어 벨리즈 공화국으로 옮겨 놓았다. 뉴우 올리언즈에 탄 손님의 수는 2,200명이였다. 이층으로 된 모터보트에 그들을 실어 나르는 배들은 에메랄드빛 카리브해의 물살을 하얗게 가르며 달렸다. 미지의 땅으로 향하는 관광객들의 흥분도 카리브 해의 파도처럼 넘실거렸다.

육지에 내려진 관광객들은 대기하고 있던 소형 버스를 타고

벨리즈공화국에 도착하여 분장한 그들의 환영을 받으며

마야산맥의 우거진 삼림을 향하여 달였다. 놀웨지안 배가 정박한 시간은 오전 8시였으나 우리가 벨리즈 시티의 삼림에 도착하였을 때는 정오에 가까웠으므로 벨리즈 여행사에서 준비한 도시락을 먹었다. 야채샐러드, 닭고기 한 덩어리, 과일 한쪽이 일회용 도시락에 담겨 있었고 음료수 한 컵씩을 받아 들었다.

점심을 먹고 난 후 8, 9명씩 관광객을 현지 가이드가 맡아서 이끌었다. 우리는 모두 수영복으로 갈아입고 수중에서 신는 아쿠아 슈즈를 신었다. 짐이 많아 신을 챙기지 못한 나는 운동화의 끈을 꽉 조여서 메고 합류하였다. 먼저 현지 가이드인 벨리즈 사람은 관광객들에게 바람이 든 튜브 하나씩을 나누워 주었다. 우리는 이를 어깨에 둘러메고 정글 속으로 들어가서 걷기를 시작하였다. 가이드는 삼림 속에서 마야인들이 약으로 사용하던 나무들과 그 잎들을 소개하며 걸었다.

삼림은 큰 나무들이 빽빽하게 우거져 하늘이 잘 보이지 않았다. 이름 모르는 열대림의 새들이 각양각색의 깃털을 세우며 노래를 불렀다. 숲길은 잔돌맹이가 박혀 있어 울퉁불퉁했다. 밑창이 얇은 아쿠아 슈즈 대신 난 운동화를 잘 신었다고 생각하였다.

10분도 안되어 우리는 땀범벅이 되었다. 맨 앞에서 가이드를 쫓아가던 나는 힘이 드니 천천히 가자고 하자 그는 여러분에게 땀나게 하고 피곤하게 하는 것이 자신의 일이라고 하며 소박한 웃음을 웃었다. 왜냐하면 바로 점심을 먹었으므로 물에 들어가기 전에 소화가 되어야 한다는 것이다. 30여 분을 걸었을 때에 물이 고여 있는 동굴에 도착하였다. 섭씨 30도가 넘는 날씨에 빈 몸으로 걸어도 땀이 줄줄 흐르는데, 우리는 화물차 바퀴만한 튜브를 어깨에 얹고 걸었으니 얼굴은 물론 온몸도 땀에 흠뻑 젖었다. 도착하자마자 가이드는 튜브를 메고 온 관광객들에게 튜브를 각자 내려놓으라고 했다.

가이드는 자신의 튜브에 우리들의 튜브를 각각 붙들어 매어 따로 떨어져 나가지 못하게 하고는 우리들에게 튜브 안으로 들어가 타라고 하였다.

나도 가이드의 말에 따라 튜브 안으로 들어가서 궁둥이만 물속에 닿게 하고 두발은 튜브 위에 앞으로 뻗치고 양손은 튜브의 좌우를 잡았다. 동굴 물에 궁둥이가 닿자마자 순식간에 땀은 다 들어갔다.

"Are you ready?"(준비 됐습니까?)하더니 가이드는 자신의 튜브를 휘저으며 어두컴컴한 동굴 속으로 들어갔다. 땀에 젖었던 전신의 몸은 시원해지기 시작하였다.

그의 머리에는 회전등이 달여 있는 헬멧이 있었고, 우리도 똑같은 헬멧을 썼다. 이는 동굴 속에 있는 바위의 기이한 형태를 자세히 볼 수 있을 뿐만 아니라 좁은 동굴을 지날 때에 머리를 보호하기 위하여 써야 한다고 가이드는 설명하였다.

이 동굴은 마야인들이 비를 피하여 살던 곳이라고 하였다. 물의 깊이는 얕아서 궁둥이가 닿는 부분도 있었으나 이런 곳은 두어군데 뿐이고 대부분이 깊었다. 가끔 물속에 있는 나뭇잎이 몸에 붙어 놀라기도 하였다. 혹시 물속에 살고 있는 해충이 아닌가 해서다. 중간쯤에서 가이드는 튜브를 멈추고 왼쪽을 보라고 하였다. 사자상이 보인다고 하면서. 정말 사자의 모습이 조각처럼 동굴 바위에 새겨져 있었다. 20여 분이 지났을까 할 때에 동굴에 구멍이 크게 나 있었고 빛이 들어왔다. 또한 그 주위에는 알 수 없는 나무와 풀이 자라고 있었다. 그곳에서는 하늘도 볼 수 있었다. 마야인들은 이곳으로 들락날락 하였다고 가이드는 말했다. 우리가 출발한 곳에서 1시간 이상 걸어야 이곳에 올 수 있다고 그는 설명하였다.

다시 튜브를 휘저어 캄캄한 곳으로 왔을 때에 가이드는 자신이 쓴 헬멧의 빛을 동굴 천정의 우묵한 곳에 비췄다. 그 순간 우리는 소스라치게 놀라 소리를 질렀다. 이유는 박쥐가 바글바글하여 우리의 머리 위로 떨어질 것 같기 때문이었다. 그 후 20여분이 지나서 우리는 출발점에 도착하였다.

나는 두 동생들과 함께 나와 6불을 주고 맡긴 짐을 찾아 수영복을 벗고 옷을 갈아입었다. 옷을 갈아입기 전 샤워를 하여야 하는데 장소가 불편하여 큰 수건으로 대충 몸을 닦고 티셔츠와 반바지를 입었다. 내 동생은 수영복 위에 원피스를 걸쳤다. 샤워를 할 수도 없고 전기불도 없는 화장실에서 옷을 갈아입는 일이 힘들다면서 우리는 서둘러 대기 중인 버스를 탔다. 수많은 사람들이 다시 크루즈 배로 돌아가야 할텐데, 버스를 타고 가서 다시 모터보트를 타고 크루즈 배로 옮겨 타야 했다. 자기의 팀을 놓치면 찾기도 힘들다. 그날 두 척의 크루즈 배가 정박하였기 때문이다.

우리는 오후 6시전에 탑승하여야 했다. 6시에는 정박한 배가 다음 목적지를 향하여 항해를 시작하기 때문이었다. 우리가 벨리즈에서 보낸 시간은 총 7시간이며 경비는 각각 104불 99센트였다.

동굴 밖으로 나와 튜브를 가이드에게 넘겨줄 때에 각자 팁을 건네주었다. 옷을 갈아입고 팁을 주려고 가이드를 찾았으나 찾지 못하였다. 그는 아마도 다음 팀을 맞이하기 위하여 자리를 떠난 것 같았다. 하루에 3, 4팀을 안내한다고 하였다. 동굴 가이드를 맡았던 벨리즈인에게 팁을 주지 못한 것이 마음을 무겁게 했다. 그 대신 버스에서 안내를 맡았던 캡틴에게 팁을 주며 혹시 우리에게 소개하였던 벨리즈 가이드를 만나면 주라고 전하였다.

동굴을 지나는 동안 그는 한 사람 한 사람의 안전을 챙기며 두려워하는 사람들을 안심시켰다. 퍽 친절한 가이드였는데…. 짧은 시간의 만남이었지만 오래도록 그는 나의 가슴에 남아 있었다.

팁을 미리 준비하지 못한 것이 못내 아쉬웠다. 검은 피부에 큰 눈이 왠지 슬퍼 보였다. 이는 세상에 찌든 내가 그를 바라보는 편견일까? 카리브해의 아름다운 바다를 바라보며 살아서인지 그에게서 이 세상의 어떤 티끌도 블 수 없었다. 튜브를 어깨에 메고 미소 지으며 마야인들이 약으로 썼다는 나무를 손가락으로 가리키기도 하고, 나뭇잎들을 따서 우리에게 그 나뭇잎의 향을 맡아보라며 열심히 설명했다. 우리는 그가 안내하는 거친 숲길을 따라 걸었다. 순간 삶이 동굴을 통과 하는 것 같다는 생각이 든다.

벨리즈는 '카리브해의 보석'으로 알려져 있으며 우거진 삼림과 산호초 보호지역으로 유네스코 세계 유산에 등록되어 있다. 벨리즈는 400여 개의 산호섬과 마야산맥이 있다. 세계에서 가장 깊은 202미터 가량의 딘스 블루 홀이 있는 곳이기도 하다. 1981년 영국으로부터 독립한 나라이다. 벨리즈인들은 대부분 영어를 쓰고 있었다.

서서히 해는 기울어 청록색 바닷물을 붉게 물들이고 있다. 오후 6시에 맞추어 크루즈 배에 오르자마자 Norwegian Dawn은 육중한 선체로 다시 카리브해의 바닷물을 가르며 온두라스 로아탄(Roatan, Honduras)을 향하여 서서히 움직이기 시작했다.

(2015. 3.)

아프카니스탄 미국인의 미국 사랑

낮에 화창했던 날씨가 해가 기울면서 바람이 불고 을씨년스러워졌다.

여동생 집 앞 호숫가에 서 있는 킹 팜추리와 퀸 팜추리의 잎들이 사납게 흔들리고, 잔잔하던 호수가 바람에 일렁이고 있다.

동생 집에 온지 이틀째 되는 날이다. 저녁 초대를 동생 부부와 함께 받았다. 초대하는 미국인은 아프카니스탄에서 태어나 16살에 미국으로 이민을 와서 이란 출생 부인을 만나 남매를 낳았다고 했다. 40년이 넘게 그는 미국 시민으로 살아 왔다. 그는 공직에 있다가 퇴직했고, 부인은 은행에 근무한다고 한다. 그는 동생

에니스와 그의 부인 이란인과 동생

과 같이 호숫가에 집을 가지고 있으나, 자신의 집은 월세를 주고 아파트로 얼마 전에 이사를 했다.

동생 차로 20여 분 타고 가니 그의 아파트 주민이 사용하는 파티장에 도착하였다. 그의 아파트는 2층이다. 이 아파트에 사는 주민은 누구나 1층에 있는 파티장을 이용할 수 있다고 했다. 바비큐 냄새가 아파트 입구에서부터 진동을 한다. 우리를 보자 그는 악수를 청하며 반갑게 인사를 한다. 부인은 2층에 밥을 가지러 갔다고 했다. 잠시 후 부인은 김이 모락모락 나는 쌀밥을 가지고 왔다. 대리석 테이블에는 이미 야채샐러드, 강낭콩 요리, 가지 요리, 참치 회, 칠면조 구이, 은박지에 쌓인 감자 등이 놓여 있다. 부인은 쌀밥을 테이블 귀퉁이에 놓았다. 큰 접시에는 바비큐 통에서 구워진 갈비가 담겨지기 시작하였다.

동생 남편이 가지고 온 와인 병을 따서 축배를 들면서 우리의 식사는 시작되었다. 나의 관심은 아프카니스탄 미국인 Ennis에게 있었다. 왜냐하면 그가 미국 뉴욕에서 발생한 911 테러로 세계무역센터 화재 현장을 TV를 통하여 바라보면서 큰 충격을 받았다고 했다.

그 후 그는 아프카니스탄 전쟁터에서 미국 병사들을 위하여 아프카니스탄어(Pashto)와 이란어(Farsi)를 통역하거나 미국 병사들의 영어를 Pashto나 Farsi로 번역하는 것을 자원하여 2009년부터 2012년까지 2년 6개월간 봉사를 하였다. 그가 미국을 떠날 때는 부인과 자녀들을 못 볼 수도 있겠다 하는 각오로 떠났다고 했다. Ennis는 미국의 젊은 생명들이 세계평화를 위하여 죽어가는 것을 보며 미국에 대한 애국심이 솟구쳤다고 한다. 그는 자신이 봉사한 체험을 책으로 발간하였다. 저서의 이름은 『America's Sacrifices in Mythological Afghanistan』(신화적인 나라, 아프카니스탄에서 미국의 희생)이다.

책에서 미국 군인들은 탈레반을 퇴치하기 위한 특수 부대라고 했다. 그는 아프카니스탄 국민의 3분의 2가 그들을 통제하고 있는 상항을 변화 시킬 수 없는 환경의 희생물이라고 했다. 그들은 수세기 동안 같은 어려움을 겪어 오고 있다. 그들은 자신들의 주체성을 찾아서 그들의 가족은 물론 나라의 주체성도 찾아야 된다고 한다.

아프카니스탄은 세계에서 가장 빈곤한 나라 중 한 나라이다. 물론 첫 번째는 국가적인 주체성을 찾는 것이고, 그 다음은 범세계적인 조직으로 장기간의 도움을 주어야 한다. 이는 그들이 선택할 수도 있는 민족주의를 위한 것뿐만 아니라 안전하게 잘 사는 사회를 이룰 수 있는 방법이기도 하다.

그는 책에서 마지막으로 다음과 같이 말했다.

'I merely want to say that: A man without, the courage to protect his country or family deserves neither.'

(나는 단지 다음 말을 하려고 한다. 자신의 나라와 가족을 보호할 용기가 없는 남자는 아무 것도 취할 자격이 없다.)

미국의 제26대 대통령 Theodore Roosevelt도 비슷한 말을 했다. "가정은 행복의 본산이며 남자는 이것을 지키고 보호할 의무가 있다."

Ennis의 책에서 다음과 같은 내용도 읽었다.

'Money will never solve the problem;perhaps it will (only)make it worse.'(돈이 문제를 결코 해결하지는 못할 것이다. 그것은 문제를 더욱 악화 시킬 뿐이다.)

그는 미국의 희생은 내가 태어난 나라의 사람들뿐만 아니라 모든 인종을 잘 살게 하기 위한 것이며, 따라서 나는 하나님을 섬기듯 나의 나라 미국을 사랑 한다고 했다. 수백 페이지에 달하는 그의 책에서 일부를 추려 보았다.

밤이 깊어지자 바람이 더욱 거세게 불어 우리는 그의 아파트 2층으로 자리를 옮겨 과일을 먹고 차를 마셨다. 거실에는 자녀들의 어릴 적 모습과 성장과정의 모습을 사진으로 남겨 액자 속에 넣어 리빙 룸 벽에 차례로 걸어 놓았다. 사진들을 바라보며 Ennis의 가족 사랑을 바로 알 수 있었다. 이란인 부인도 정이 많은 여인이다. 부엌에서 뭔가를 더 대접하려고 애를 썼다. 달콤한 초코향이 풍기는 쿠키를 접시 가득 담아 오면서 자신이 만든 것이라며 맛이 있을지 모르겠다며 겸손히 말했다.

저녁 식사할 때에 밥을 가져와서 맛있게 먹었다는 인사와 함께 처음 보는 그 쌀 종류가 무엇인지 물었다. 그녀는 한국 분들은 밥을 좋아하여 가게에서 그냥 사 왔으나 자신도 가끔 그 쌀을 사서 먹는다고 했다.

동남아 쌀 모양과 비슷한 것이 쌀이 끈기가 있으면서 먹어도 먹어도 배가 부르지 않아 동생과 함께 웃으면서 신기루 쌀이라고 했다.

Ennis에게 그의 저서에 대하여 묻자 신명나게 쓰게 된 동기를 말해 주었다. 911사건은 그의 모든 것을 변화 시켰고 자신과 가족만을 위하여 살아 왔는데 미국이라는 나의 나라와 내가 태어난 나라, 아프카니스탄을 위하여 무엇인가를 해야 되겠다는 생각이 들었다고 했다. 우리는 이야기의 끝을 못 찾고 늦게까지 그들의 거실을 차지하고 있었다.

동생이 직장 다니는 부인을 생각해서인지 밤 11시가 넘었으니 일어나자고 제의했다. 우리는 서로 포옹하며 인사를 나누었다. 한국에 오면 나에게 연락 달라고 하였다. 그는 "Yes, Thank you so much." 하며 큰 눈을 더 크게 떴다.

사위는 어둡고 바람이 여전히 불어왔으나 우리는 훈풍을 안고 돌아왔다.

(2015. 3.)

2

봄비 속 바이올린

S 교수의 삶은 오랜 투병으로 인하여 브루클린으로 가는 마지막 비상구를 찾지 못한 채 저세상으로 떠난 지 오래다. 마크 노플러의 기타반주에 데비드 노란의 바이올린 연주로 흐르는 A Love Idea를 들으며 봄비가 바람과 함께 뿌리는 오늘, 나는 S교수를 생각한다. 창가에 서서 비가 내리던 그 봄날을 회상하며.

모자(母子)의 산책

어두컴컴한 길을 가로등이 비춰주고 있다.

허나 오가는 사람들이 잘 보이지 않는다. 주택가 담 옆에는 차들이 즐비하게 주차되어 있다.

높은 산에 아직 잔설이 남아있는 3월 하순이다. 새벽기도 후 차를 몰고 집으로 들어가려는 골목에 도달하였을 때에 유모차 손잡이를 두 손으로 잡고 엉거주춤 서 있는 노파가 보였다. 그 옆에는 호리호리한 중년의 남자가 노파를 바라보고 있다.

차 소리를 들었는지 그들은 골목 길 중앙에서 담 쪽으로 발걸음을 서서히 옮겼다. 노파의 옆에 서있던 남자는 유모차에 얹혀 있는 노파의 손에 자기의 손을 포개어 얹고 함께 발걸음을 옮겼다. 노파를 보살피는 모습이 모자(母子)인듯 하다.

유모차를 끄는 노파의 등은 둥글게 굽어져 다리도 오자형인 것으로 보아 보행이 힘들어 보였다.

차를 차고에 넣은 후 동네 초등학교 운동장을 걸으려고 나갔다. 그때 그들은 학교 교문 앞에서 쉬고 있었다. 그들을 보자 난 반가워서 "안녕하세요. 조금 전 골목길에서 비켜 주셔서 감사했습니다." 라고 했다.

이 말을 들은 할머니는 말없이 유모차에 손을 얹은 채 나를 올려다 보았다. 서성이는 할머니 옆에 있던 남자는 미소를 지으며 "아니 저희가 죄송했습니다." 한다.

"어머니를 모시고 일찍 산책 나오셨나 봐요." 하고 나는 말을 이었다. "네에. 제가 출근하기 전에 다녀와야 할 것 같아서요. 어머님이 다리가 불편하셔서 통 안 걸으시려고 해요. 운동을 조금씩이라도 해야 되는데."

"효자십니다. 어머니는 좋으시겠어요. 이런 효자 아들을 두셨으니." 이 말을 들은 할머니는 드디어 입가에 미소를 지으시며 모습이 환해졌다.

이틀 전 목욕탕 탈의실에서 중년쯤 되어 보이는 아주머니가 스마트폰을 들여다보면서 귀찮아 죽겠다는 표정으로 얼굴이 붉으락 푸르락 하는 모습을 보았다.

자기에게 오는 전화가 모르는 사람이기에 전화 잘 못 걸었다고 하는데도 하루에 몇 번씩 전화를 한다는 것이다. 전화를 걸어오는 분은 할머니로 "어미야 나다 나. 애비는 집에 있니?" 하면서 말을 시작한다는 것이다. 그녀는 할머니를 모른다고 하여도 계속 전화를 건다고 한다.

옆에서 그 말을 듣고 나는 그녀에게 전화를 거시는 할머니께 어디 사시는지 왜 그렇게 자꾸 전화를 하시는지 물어보라고 했다. 아마도 딱한 사정이 있을 것 같다는 말과 함께.

"아! 참! 그래야 되겠군요." 하더니 그녀는 방금 받은 전화번호를 찍더니 대화를 나눈다.

"할머니 지금 전화 받은 사람이에요. 할머니는 어디 사세요. 그리고 왜 자꾸 전화하세요?"

"나는 순천 사는디, 아들이 손자 맡기면서 이 전화번호를 주었는데 왜 자꾸 아니라고 혀."

"그러시군요. 저는 서울에 사는 사람인데요, 아드님이 전화번호를 잘 못 알려드린 것 같아요. 어디 친척이 있으시면 다시 알아보세요." 하고 그녀는 스마트폰을 닫았다.

그녀는 목욕을 다하고 옷을 입는 중이였고 나는 탕에 들어가기 위하여 옷을 벗으려는 중이였다. 그녀도 나도 말없이 각각 헤어졌으나 전화 속 노파의 안타까움이 서글픔으로 밀려왔다.

새벽에 운동장 앞에서 만난 효자 아들과 틀린 전화번호를 노모에게 주며 자신의 아들까지 책임지게 한 아들의 두 모습이 오버랩 되어 나의 시야를 흐리게 했다. (2013. 3.)

수수부꾸미 할머니와 L 교수

칼바람이 불어오는 시장 한 모퉁이에 추위를 이기며 쪼그리고 앉아 있는 할머니. 허름한 목도리를 휘감은 그녀의 얼굴은 푸르둥둥하다.

할머니는 연탄불 위에 작은 철판을 올려놓고 수수가루 반죽을 그 위에 작게 떼어 놓는다. 다음으로 으깬 팥을 숟가락으로 떠서 동그란 반죽 한쪽에 올려놓은 후 뒤집어 익힌다. 그러면 수수부꾸미 모양은 반달이 된다.

사시사철 쌀가게 앞 한 모퉁이에 자신의 몸을 붙이고 수수부꾸미를 만들어 판다. 오랫동안 떡집을 운영해오던 할머니는 가게세

(임대료)를 못 내어 쫓겨났고 그 후 몇 달 동안은 시장에서 볼 수 없었다. 그러던 어느 날 쌀가게 앞에서 그 모습을 볼 수 있었다. 나는 반가워서 어떻게 지내셨는가 하고 안부를 물었다.

할머니는 이 궁리 저 궁리 하느라고 집에 있다가 쌀가게집 주인을 찾아갔단다.

내 몸만 붙일 수 있는 공간을 주시면 수수부꾸미를 해서 팔고 싶다고 했더니 쾌히 승낙을 하여서 이 자리에 오게 됐다고 한다.

할머니는 가끔 도토리묵도 한편에 놓고 팔았다.

외출 후 귀가할 때 나는 수수부꾸미를 사러 간다. 이날도 할머니를 보러 쌀가게로 향하고 있는데 한 신사를 만났다. 그도 나도 수수부꾸미 철판 앞에 섰다. 그가 먼저 수수부꾸미를 주문하였다. 그의 손에 수수부꾸미 봉투가 들여질 때까지 난 뒤에 서있었다. 그가 등을 돌렸을 때에 그도 나도 깜짝 놀랐다. S대 L 교수였다.

어찌된 영문이냐고 물었더니, 연로하고 거동이 불편한 장모님을 모시고 있어서 부인이 자주 시장에 나올 수 없어 부인이 시장을 봐달라고 하면 강의가 끝난 후 이곳 재래시장을 가끔 찾는단다.

내가 장본 것 좀 보여 달라면 즉석 국산두부 한모, 파 1단, 생선이라며 봉투를 열어서 나에게 보이고도 했다. 양복에 넥타이

차림으로 양손에 검은 비닐봉투를 들고 덜렁덜렁 시장 골목을 빠져 나갔다.

할머니가 앉아 있는 쌀가게는 시장 거의 끝에 있어서 한참을 내려와야 한다. 따뜻한 날씨에는 걷는 것도 좋지만 오늘같이 추운 날에는 한 발짝도 떼어 놓기 싫어진다. L 교수는 시장에 오면 꼭 할머니를 찾아 수수부꾸미를 사간다. 몇 푼 안 되지만 도움이 될까해서란다.

할머니는 정신질환을 가진 아들이 있다고 들었다. 결혼을 시켰는데 며느리가 아이 둘을 낳고 가출하여서 오랫동안 떡집을 하며 손주들과 아들의 생계를 책임졌다. 이제 손자들은 다 커서 집을 떠났다고 한다. 그러나 아직 아들을 데리고 있어서 생계는 여전히 할머니 손에 달려있다.

철판 위에 수수부꾸미가 없는 것을 바라보며 L 교수는

"할머니 날씨가 매우 춥습니다. 빨리 집으로 들어가세요." 하는 말을 남기고 총총 걸음으로 시장을 다시 거슬러 올라간다.

나도 검은 봉투를 들고 땅거미가 내려앉는 시장을 빠져나온다. 찬바람은 거리의 먼지를 휘몰며 어둠 속을 달린다.

(2013. 1.)

첫눈과 군밤

회색 구름이 하늘을 덮었다. 곧 비나 눈이 올 것 같아 운동을 나가려다 포기하고 집안으로 들어왔다. 2주 동안 산에 못 갔는데 오늘도 못 가겠구나, 하는 혼잣말을 하며 거실로 들어섰다.

이런저런 문학회 일로 지난달 말까지 동분서주하였다. 연말까지 준비하려던 시집 원고도 아직 채우지 못해 저 하늘처럼 무겁다.

거실에서 아침신문을 펼쳐 일기예보를 보고 창밖을 내다보니 눈이 먼 하늘에서 출발했다는 소식이다. 조금 전까지 무겁던 마음은 사라지고 가벼워진 마음에는 기쁨이 일렁이고 있다.

"아름다운 12월 첫날이구나. 이해의 마지막 달을 이렇게 축복하여 주시니 고맙습니다." 마음속으로 감사를 드렸다.

이젠 순백의 눈이 하늘에서 바람을 타고 이리저리 날리며 화가의 손길이 되었다. 큰 눈송이가 작은 눈송이 속에서 몸체를 자랑하다 함께 낙하하고 있다.

대지 위에 소록소록 내리는 눈을 바라보다가 문뜩 어머니의 군밤이 생각났다. 그 옛날 눈 오는 날이면 장작 숯불에 구워 주시던 그 구수한 군밤 냄새가 코끝에서 맴돌았다. 나의 형제자매는 겨울이면 따듯한 온돌방 아랫목에 어머니가 깔아놓은 이불 아래에 발을 묻고, 늦은 밤에 어머니가 구워 주시는 밤을 까먹으며 입 주위에 숯검정을 묻혔다. 오빠와 여동생들의 입을 바라보며 깔깔거리고 웃는 동안 입안으로 들어간 밤은 이미 소화가 되어 빈 쟁반을 바라보며 다시 어머니의 눈치를 보았다.

마침 냉장고에 생밤이 있어 봉지를 꺼내어 한 톨 한 톨 칼집을 내어 직화구이 냄비에 담아 가스 불 위에 올려놓았다. 20여 분이 지나자 밤은 겉껍질을 벌려 알몸을 드러냈다.

그러나 거기엔 어머니의 군밤에서 풍기는 그 냄새와 앞치마에서 나는 부엌의 솔가지 향취는 없었다. 이미 저세상으로 가신 어머니의 하얀 옥양목 앞치마에서 풍기는 구수한 군밤의 냄새가 하얀 눈에 묻혀와 나의 코끝에 머물러 있을 뿐이다. (2014. 12. 1.)

밀양 아리랑

늦은 가을의 따가운 햇살이 회색빛 구름에 가리여 보이지 않는 한낮이다.

밀양 얼음골이 있는 천왕산의 단풍은 보이지 않는다. 다만 푸른 잎들 위에 옅은 노란색을 띠운 갈색의 잎들이 운동회 때 흔히 볼 수 있는 마스게임의 형태를 띠우고, 몸체를 가운데로 양 날개를 펴듯 아름답게 펼쳐져 있다. 그 모습은 마치 새가 비상하려고 양 날개를 쫙 편듯하다.

금년 가을처럼 우리나라 곳곳을 다녀본 일이 없다. 단풍의 모습을 초가을부터 늦은 오늘에 이르기까지 만끽하였다. 헌데 천왕산의 이러한 모습의 단풍은 처음 본다. 신기함으로 탄성을 뱉었다. 천왕산은 1,189m 고지에 위치하고 있으며 그 아래로는 재약산이 위치하고 있다.

얼음골을 가보려고 하였으나 케이블카는 수리중이고 시간이 없어서 산행은 포기하고 기이한 단풍의 모습만 눈과 가슴에 듬뿍 끌어안고 수필추천작가들은 영남루로 향하였다.

영남루는 조선시대 진주의 촉석루, 평양의 부벽루와 함께 우리나라의 3대 명루(名樓)였다. 조선시대 후기의 대표적인 목조 건물인 영남루는 신라 경덕왕 때 이 자리에 있었던 영남사의 부속 누각에서 유래되었다.

대형 대들보에 화려한 용신으로 조각된 모습을 바라본 후 건물을 빠져나와 뒤쪽에 있는 야산으로 향하는 계단을 올려다보니 우측에 큰 돌이 보였다. 그 중심에는 '밀양 아리랑'이라고 쓴 큰 글씨가 눈에 들어왔다.

그 아래에는 '밀양 아리랑'의 가사가 목판에 적혀 있었다.

> 날 좀 보소 날 좀 보소 날 좀 보소/ 동지섣달 꽃 본 듯이 날 좀 보소/ 아리 아리랑 스리 스리랑 아라리가 났네/ 아리랑 고개로 날 넘겨주소//
>
> 정든님이 오시는데 인사를 못해/ 행주치마 입에 물고 입만 방

긋/ 아리 아리랑 스리 스리랑/ 아라리가 났네/ 아리랑 고개로 날 넘겨주소//

그 옛날에 수줍은 아가씨의 연정이 흠뻑 묻어나는 가사이다. 가사를 따라 노래를 부르며 옛날 그 옛날에 긴 머리 총총 땋고 빨간 댕기에 치마저고리 입고 하얀 행주치마를 두른 아가씨를 연상하였다.

님이 오는데 반갑고 기쁜 마음이 가슴을 방망이질하는데 인사도 못하고 행주치마만 입에 물고 입만 방긋한 모습.

'아리 아리랑 스리 스리랑 아라리가 났네/ 아리랑 고개로 날 넘겨주소'

아리랑 고개로 님이 오는 것을 아는 처자는 혼자 혼신을 다하여 달려갈 수 있건만, 이를 못하고 자신을 아리랑 고개로 넘겨 달라고 애원한 가사이리라.

오늘에 사는 미혼여성들이 이러한 모습을 상상이나 할 수 있을까. 오랫동안 마음에 품고 설레는 가슴을 내어 보이지도 못하는 순정(純情). 마음의 사랑 밭에서 오래 가꾸고 품어 승화시킨 그 열매는 쉽게 떨어지지도, 향이 사라지지도 않는다.

21C에 들어서면서 날로 증가하는 이혼율을 들으며 씁쓸한 생

각이 머리를 휘젓는다. 밀양 아리랑에 나오는 그 고운 처자들은 어디로 갔는가.

천왕산의 단풍은 무르익어가고 마스게임 형상의 작품은 다소곳한 시간의 흐름을 말한다. 이를 보며 내 삶의 흘러간 시간은 어떠했는지 돌아본다. 잿빛 하늘은 좀처럼 밝아지질 않고 산꼭대기엔 구름이 걸려있다. (2012. 11.)

꽃잠 자는 작은 산새

분홍빛 앵두꽃이 활짝 피었다. 앵두나무 가지 위에 앉아서 쌔근쌔근 잠을 자는 작은 산새의 가슴이 파르르 떨리고 있다.

이른 새벽 산을 오르기 위하여 집을 나서려다 분홍빛 앵두꽃에 눈길이 멈춰 대여섯 걸음 나무를 향하여 걸음을 옮기다가 놀라 걸음을 멈췄다.

작은 산새 한 마리가 꽃잎 아래서 곤히 자고 있다. 나의 눈길도 모르고, 예쁜 모습에 더 가까이 가고 싶었지만 산새의 수면에 방해 될 것 같아 오히려 뒷걸음질하여 눈길만 주었다. 꽃 속에서 무슨 꿈을 꾸는지?

만개한 앵두꽃

워낙 작은 새이기도 하지만 작은 꽃잎을 베개 삼아 자는 모습이 마치 아기를 연상케 한다.

가족들과 둥지에서 화목했던 시절을 그리워하며 자고 있었을까?

산새도 앵두꽃의 그 앙증스런 모습에 반하였나 보다. 저 작은 산새처럼 나도 꽃잎 속에 묻혀 향기에 몸을 파묻고 한잠 푹 자고 싶다. (2012. 4. 앵두꽃 피던 날)

봄비 속 바이올린

어제 저녁부터 밤새도록 비가 내리고 있다.

새벽에 차를 몰고 나가는 길 위에 빗물이 고여 바퀴가 방향을 잃고 곁길로 나가려 한다.

오후가 되니 비는 눈이 되어 흩날리고 있다. 잠시 내리던 눈은 다시 비가 되어 바람을 타고 이리 저리 뿌려댄다. 이런 날이면 생각나는 한 분이 있다. 대학시절에 영시를 가르치던 S 교수이다. 작은 키에 작은 얼굴을 가진 그분은 검은 안경테의 안경을 늘 쓰고 다녔다. 1960년대에 해외에서 영미시를 전공하고 대학에서 영미시를 가르치는 교수는 흔치 않았다. 그의 실력도 실력이지만 그는 퍽 감성적인 교수였다.

수업 시간에 시를 읽어 갈 때는 그 내용에 따라 감정의 표현이 그를 사로잡았다. 어느 때는 자신의 감정에 도취되어 시를 더 읽어 가지 못하고 눈을 감은 채 묵묵히 서 있곤 하였다. 그런 그는 바이올린을 무척 좋아하였다. 또한 비 오는 날을 좋아했다.

내가 대학 3학년에 올라간 어느 봄날 수업을 마친 그는 그의 집에서 저녁을 먹으며 음악 감상을 하자고 하였다. 그날도 봄비가 촉촉이 내리고 있었다. 나는 교수를 따라 남산 가까이에 위치한 그의 집으로 갔다. 당시에 그는 누님과 함께 살고 있었다.

그의 누님은 상에 두 사람의 식사를 올려서 가지고 왔다. 우리는 그의 서재에서 상을 받았다. 양 옆에는 원서가 가득 차 있었고 중앙에는 턴테이블과 스피커가 놓여 있었다. S 교수는 상을 바라보자 턴테이블로 향하였다. 곧이어 그는 LP판 한 장을 그 위에 올려놓았다. 곧이어 가냘픈 바이올린 연주가 흘러 나왔다.

"자! 식사해요. 우리 누님의 음식 솜씨가 꽤 괜찮아요."

상 위에는 달래 된장찌개, 어리굴젓, 김구이, 시금치 계란말이, 생선구이와 알 수 없는 봄나물이 있었다. 우리 앞에는 은수저가 각각 놓여 있었다. 식사를 하면서 S 교수는 흘러나오는 바이올린 연주에 대하여 나에게 설명을 하였다. 그 곡은 슈베르트의 아베 마리아란다. 멜로디는 퍽 부드럽고 감미로운 음률이었으나 나에게는 날카롭게 느껴져서 그 선율이 싫었다. 그러나 교수는 유학생활에서 어려울 때마다 바이올린으로 위로를 받았다며, 선율에 도취되어 저녁을 먹는 내내 오로지 바이올린에 대한 이야기만 하였다.

대학을 졸업하자마자 나는 중고등학교에서 영어교사로 교편을 잡았고, 학교에서 수업이 끝난 후에는 과외로 영어, 수학 두 팀을 가르쳤다.

이때에도 S 교수는 바이올린 독주나 음악회가 있으면 꼭 연락이 왔다. 과외를 핑계로 나는 번번이 그의 청을 거절하였으나 이는 내가 바이올린을 좋아하지 않았기 때문이다. 세월이 흘러 불혹을 지나고 50대가 가까워지면서 바이올린 선율만 흐르면 왠지 마음과 영혼이 빠져들어 시간이 정지되는 듯한 감정과 함께 애수가 가슴 저 밑바닥에서 솟아오른다.

'A Love Idea'는 내가 좋아하는 영화 주제곡 중의 하나이다.

이곡은 '브룩클린으로 가는 마지막 비상구(Last Exit to Brooklyn)'의 주제곡이다. 바이올린의 애절한 멜로디 때문에 나는 이곡을 좋아한다.

이 영화는 비상구가 없을 것 같은 주인공들의 처절한 인생을 담았다.

휴버트 셀비 주니어(Hubert Selby Jr.)가 1964년 발표하여 외설 논쟁에 휘말린 소설을 원작으로 폭력, 마약, 동성애가 암울한 브루클린을 배경으로 적나라하게 펼친 시대극이다.

줄거리는 노동조합 선전부장 해리(스티븐 랭 분)는 열성적으로 파업에 참여하지만 우연히 자신이 호모라는 사실을 깨닫고 방황한다. 여장 남자와의 사랑에 빠져 공금을 횡령도 한다. 그는 또한 동네 소년을 범하려다가 불량배들에게 집단폭행을 당한다. 한편 창녀 트랄라(제니퍼 제이슨 리 분)는 남자를 꼬시러 맨해튼으로 갔다가 진심으로 자신을 사랑해 주는 군인을 만난다.

그가 한국전에 참전하러 떠나자 트랄라는 상실감에 빠져 급기야는 바에서 옷을 벗으며 뭇 남자들에게 짓밟힌다. 반쯤 실신한 그녀를 구해 주는 사람은 그녀를 남몰래 연모하고 있던 소년, 조르세트(알렉시스 아퀘트 분)였다.

자신의 오토바이에 제일 먼저 트랄라를 태우는 것이 꿈인 조르세트는 누나의 결혼식 날 드디어 오토바이를 선물받자 트랄라를 찾아 나선다. 그녀를 공터에서 찾았지만 그녀의 옷은 다 찢어지고 얼굴은 심하게 멍이 들어 죽은 듯이 누워 있었다. 조르세트는 자신의 옷을 벗어 그녀의 찢어진 옷 위에 얹으며 통곡한다.

원제목 'Exit(출구)'는 비상구의 뜻이 아니라 뉴욕 지하철역에 있는 안내판의 문구이다. 즉 지하철에서 '브룩클린 쪽으로 나가는 출구들 중에서 가장 끝에 있는 출구'를 가리킨다.

세월이 흐를수록 바이올린 선율은 나의 가슴을 파고들며 그 애절하고 가냘픈 슬픔의 샘이 솟구친다. S 교수가 그렇게 좋아하던 그 선율이 이제야 나에게 감동으로 밀려오다니….

S 교수의 삶은 오랜 투병으로 인하여 브루클린으로 가는 마지막 비상구를 찾지 못한 채 저세상으로 떠난 지 오래다. 마크 노플러의 기타반주에 데비드 노란의 바이올린 연주로 흐르는 'A Love Idea'를 들으며 봄비가 바람과 함께 뿌리는 오늘, 나는 S 교수를 생각한다. 창가에 서서 비가 내리던 그 봄날을 회상하며.

(2013. 4)

단풍의 봄

파란 하늘에 기러기 떼가 시옷자 모습으로 북쪽을 향하여 날아가고 있다. 가을에 찾아 온 그들은 겨울을 보내고 또 다른 곳으로 안식을 찾아 비행을 하고 있다.

초등학교 담 옆에 심어놓은 이팝나무, 개나리, 진달래, 영산홍은 겨울 내내 꽁꽁 언 몸을 녹이려는 듯 스치는 바람에 스트레칭을 한다.

이른 봄이라 그런지 겨우 움이 터 있을 뿐이다. 그들 가운데 단풍의 붉은 잎을 가지가지마다 달고 바람에 살랑거리는 나무가 몇 그루 있다. 놀라운 일이다. 지난 가을부터 겨울 내내 불어온

바람과 눈보라가 얼마나 강하였던가. 어떻게 지금까지 저토록 아름다운 색깔과 모습을 간직하고 의연하게 서 있단 말인가. 단풍의 붉은 잎들을 보며 지난 가을날의 아름다움이 수채화처럼 펼쳐진다.

계절 따라 싹을 내고 자라서 꽃을 피우고 낙엽을 만들어 잎을 떨구는 모습을 보면서 자연의 섭리를 알게 한다. 그러나 물들인 잎을 떨구지도 않고 그 색을 저토록 아름답게 간직하여 봄을 맞이하는 남작 나무들은 우리에게 어떤 의미의 삶을 암시하는가. 그들을 바라보며 사색에 젖어 비탈길을 오른다.

상수리나무 위에 둥지를 튼 까치가 "까악 까악"하며 산길을 오르는 손님에게 아침 인사를 한다. 낙엽이 깔린 숲에서는 참새들이 먹이를 찾아 부리로 찢어진 잎을 뒤척이며 종종거린다. 산새들은 숲 속 이 나무 저 나무 위를 날아다니며 숨바꼭질을 하고 있다.

그들을 곁눈질하면서 오솔길로 들어선다. 나의 발길 옮기는 소리를 들었는지 참새들이 후드득 날아오른다. 조용히 걸음을 옮겼건만 그만 들키고 말았다. 호젓한 오솔길을 다 오르니 이마에 땀이 송골송골 맺힌다.

집으로 향하는 골목길에서 지난 가을에 자주 만났던 할머니 한

분을 만났다. 할아버지와 오래 전에 사별한 그분은 혼자서 남의 집 한 칸을 세내어 살고 있다. 호구지책으로 폐지를 주어서 근근이 살고 있다. 요즈음은 폐지를 줍는 사람들이 많아서 이른 새벽 2시나 3시경에 일어나야 한다고 한다. 지난겨울 혹독한 추위에 힘이 들었는지 몸이 퍽 야위었다. 얼굴에 주름살은 더욱 깊어졌고 핏기 없는 모습에서 혹시 영양실조는 아닌가 하는 생각이 앞선다.

"할머니! 오랜만입니다. 겨울에 잘 지내셨어요?" 하고 인사를 하였다.

"왠걸요. 독감에 걸려서 죽다 살아났습니다. 이제 끝이구나 하는 생각도 하였지요. 그래도 저를 불쌍히 생각하셨는지 살려 주셔서 이봄을 맞이하네요." 하며 눈시울이 붉어졌다.

할머니에게 따뜻한 밥 한 그릇이라도 대접해야겠다는 생각으로 나의 집을 가르쳐 주고 저녁에 들리시라고 했다.

단풍잎을 혹독한 겨울에도 떨어트리지 않고 봄을 맞이하여 우리에게 지난 추억의 아름다움을 보여주는 남작나무들처럼, 할머니의 고통이 아름답게 채색되어 이봄에 다시 회생하기를 마음 속 깊이 기원하여 본다.

(『PEN 문학』 2012. 5.6월호)

다람쥐의 건망증

낙엽이 떨어지기 시작하면서 상수리나무엔 도토리 열매가 알차게 여물어 다람쥐의 양식이 된다. 바람에 후두두 떨어지면 어디선가 재빠르게 달려와 양발로 도토리를 주워 껍질을 까서 입에 넣는 모습을 보게 된다.

이때에 다람쥐는 하나를 먹고 하나는 땅 속에 꼭 묻는다. 추운 겨울을 나기 위한 양식을 비축하여 두는 것이다. 겨울이 왔을 때에 다람쥐는 묻어 둔 그 도토리를 먹지 못한다. 어디에 묻어 두었는지 다람쥐는 전혀 기억하지 못한다. 그의 건망증 때문이다. 그런데 아이러니한 것은 다람쥐의 그 건망증 때문에 봄이 되면 묻혀있던 도토리는 싹을 틔우고 키를 키워 숲을 만든다.

나에게도 이러한 건망증이 있었으면 한다.

다음 세대를 위하여, 이웃을 위하여 나의 작은 정성을 땅 속에 묻어 두어 이것을 자양분으로 하여 다음 세대와 이웃이 잘 살 수 있으면 하는 바람이 있다.

나는 그것을 기억하지 말아야 한다. 다만 나의 삶의 일부를 저축하여 그들에게 풍요로움을 안겨 주는 것이다.

나는 오늘 다람쥐의 건망증을 배우려고 다짐하여 본다.

2013년에는 숲을 푸르게 하는 다람쥐의 도토리 건망증을 실천하여 보리라.

(2012. 12.)

늦은 산책

숲 속에는 저녁노을의 붉은 햇살이 나뭇가지에 걸려 있다.

산새들의 지저귐도 드문드문 들여온다. 까치는 마지막 먹이를 물었는지 후드득 둥지 속으로 들어가 버렸다. 회색 털의 토끼 한 마리가 입에 마른 소국 줄기를 잔뜩 물고 숲 속으로 사라진다.

산길에는 아침에 산책 온 사람들의 발자국이 여기저기 얼어 있다. 미끄러져 다칠까 싶어 얼어붙은 발자국을 피하여 낙엽이 쌓인 갓길을 걷고 있다. 많은 사람들이 밟아서인지 낙엽은 부스러져 형태를 알 수 없다. 그러나 폭신한 카펫 위를 밟는 느낌이다.

새벽이나 늦은 아침에 산을 오르는 것이 나의 습관처럼 되었다. 오늘은 새벽부터 짜여 진 스케줄 때문에 짬을 도저히 낼 수가 없었다. 저녁이 되자 몸이 찌뿌둥한 것 같아 저녁 식사를 한 후 산에 오른 것이다.

사람이 다니는 기척도 없으니 어쩌다 산새의 지저귐이 들리면 반갑게 그쪽을 향하여 눈을 돌리곤 한다. 어치 한 마리가 목쉰 소리를 내며 짝을 찾는 듯하다. 어스름이 오기 전에 어치가 짝을 만나 자신의 둥지로 가기를 기원하며 발걸음을 옮겨 놓는다.

숲 속 오솔길을 반도 못 올랐는데 어두움이 내려앉는다. 서쪽 하늘을 올려다보니 붉은 해는 산등성이에서 얼굴의 한부분만 조금 내밀고 있었다.

오솔길로 들어 설 때 가끔 들리던 새소리도 전혀 들리지 않는다. 바람이 나뭇가지에 매달려 있는 마른 잎을 흔들며 지나가고 자연의 고요함이 마음에 평정을 가져다주고 있다.

새벽이나 늦은 아침에 많은 사람들을 만나는 산책과는 그 의미가 전혀 달랐다. 새벽이나 아침에는 걷는 발걸음이 경쟁하듯 빠르다. 주위에 따라오는 사람들을 의식하여 경쟁심이 생기는 것 같다. 내가 늦은 산책에서 지금 느끼는 자연이 주는 이 평온함과 작은 행복감을 가져본 일이 없다.

숲의 오솔길을 벗어나 산책로의 마지막 모퉁이를 돌면서 내 인생의 초년, 중년, 노년을 생각해 본다. 초년과 중년은 뒤돌아볼 새 없이 앞으로 가파른 길을 달려야만 했다. 새벽 산책이나 아침의 산책처럼 말이다. 그러나 노년에 이르자 자녀들은 자신들의 둥지로 떠나고 난 이제야 오늘의 늦은 산책처럼 자연이 주는 평안과 작은 행복에 감사할 수 있게 되었다. 내일도 늦은 산책을 나와야겠다.

(2014. 1.)

명아주의 단풍

가을비가 부슬 부슬 내리는 이른 아침이다.

집 근처의 초등학교 운동장에는 서너 사람이 우산을 받쳐 들고 걷기를 계속하고 있다. 한 남자는 운동장에 도착하자마자 늘 뛰었는데 오늘은 비 때문인지 빠른 걸음걸이로 운동장을 돌고 있다.

나도 우산을 쓰고 운동장을 두어 바퀴 돌았다. 그때에 나의 시선을 사로잡은 것은 명아주 풀이었다. 진녹색 잎을 나풀거리며 단풍나무 밑둥에 붙어 자라고 있었다. 그 가녀린 잎에는 벌써 주황색이 돌았고 빨간 립스틱의 색깔을 띄우고 있는 잎들도 보였다.

가까이 가서 명아주의 단풍에 미소를 보낸다. 단풍나무에 단풍이 들면 그 아래 밑둥에 보일 듯 말 듯 붙어 있는 명아주가 보이겠는가.

명아주 풀은 자신을 바라보며 단풍나무보다 한발 일찍이 잎을 변색시켜 사람들의 눈길을 끌어내었다.

나는 속으로 "요 깜찍한 놈 보게" 하였다.

1950년 6·25한국전쟁이 일어났을 때 우리 가족은 전쟁이 일어나기 3일전에 충북 음성으로 피난을 이미 하였다. 사업을 하시던 아버지는 어디서 소문을 들으신 모양이었다. 음성에서 우리는 편안한 생활을 하였다. 당시 비누 공장을 하시던 아버지는 트럭에 우리를 태우고 빈자리는 공장에 쌓였던 비누로 채웠다.

덕분에 쌀이 없으면 비누와 바꾸어서 밥을 먹을 수 있었다. 하지만 반찬이 문제였다. 어머니는 논이나 밭두렁, 길가에서 흔히 볼 수 있는 명아주를 한 바구니씩 뜯어 오셨다. 명아주는 우리 밥상에 주 메뉴였다. 삶아서 나물로 무쳐놓았다. 더불어 소리쟁이국도 하루가 멀다 하고 상에 올라왔다. 소리쟁이국은 된장을 풀어서 끓인 국이다. 소리쟁이의 긴 풀잎은 미역 줄기처럼 미끈거렸으나 맛이 있었다. 소리쟁이도 아무 곳에서나 만날 수 있었다.

어느 날인가 아버지는 소리쟁이를 뿌리째 여러 포기 뜯어 오셨다. 그것을 우리가 살고 있는 집 옆 공터에 심으셨다. 어머니는 국거리를 찾으러 그 공터로 가는 것이 다반사였다. 소리쟁이는 다년생초인지라 잘 자랐다. 어느 날 저녁 어머니는 그 소리쟁이를 뜯어 오라고 하시며 집 주위에 좀 다녀보면 명아주도 있을 것이니 같이 뜯어 오라고 하였다.

한참을 돌아다녀 보았으나 우리 여섯 식구가 먹기에는 부족한 양이였다. 그러나 허기도 지고 싫증도 나서 바구니 바닥만 깔린 소리쟁이와 명아주를 들고 집으로 돌아왔다. 어머니는 밥을 다 준비하여 놓고 내가 오기를 기다리신 것 같았다. 내가 부엌으로 들어갔을 때에 어머니는 나의 바구니를 보시더니 한 말씀하셨다.

"아니 여태껏 이것밖에 못 뜯었단 말이냐. 이것으로 어떻게 저녁 반찬을 하겠니, 막둥이 시집을 보내느니 내가 가지." 하시며 내 손에 든 바구니를 빼앗아 휙 밖으로 나가셨다.

배가 고픈 것도 서럽고 풀을 뜯으러 다닌 것도 서러워 나는 방으로 들어가 이불을 뒤집어 쓰고 울다가 잠이 들었다.

아름답게 잎을 채색하여 단풍으로 자태를 자랑하는 명아주를 보며 6·25때 귀한 먹거리를 주었던 당시의 명아주 생각에 콧등이 시큰해져 온다. (2013. 9.)

3

직사각형의 열애(熱愛)

나에게도 스마트폰이 있다.
이 직사각형이 나에게 없을 때에는
짬이 나면 책을 읽거나 음악을 들으며 명상에 잠기기도 하였다.
그러나 직사각형 친구가 내 손에 들어온 후에는
짬만 나면 열어 그 얼굴에 눈을 맞추고 열애에 빠진다.
남편이 나에게 옅심히 무엇인가를 말할 때
내가 듣는 둥 마는 둥 할 때에 보다 못한 남편은
나의 손에서 직사각형 애인을 뺏어 가기도 한다.

산자의 그림자

회색 하늘이 낮게 드리워진 오후에 '부에노스 아이레스'에 도착했다. 가로수의 잎이 노랗게 물들고 있었고, 어떤 나무들은 반 이상의 잎을 이미 낙엽으로 떠나보냈다. 한국은 아직 봄의 계절인 5월 초인데 이곳은 늦가을 이른 겨울이라고 한다.

신이 사람 빼고 모든 것을 다 주었다는 아르헨티나의 수도 부에노스아이레스이다. 부에노스아이레스는 남미의 파리라고 부른다. 말 그대로 유럽의 분위기가 제대로 느껴졌다.

부에노스아이레스는 스페인어로 '좋은 공기'라는 뜻이다. 비옥한 팜파스를 후배지로 하여 라플라타 강 오른쪽 연안에 위치하고 있다. 이 강은 세계에서 가장 넓은 강으로 최대 폭이 220km이므로 바다로 착각할 정도이다.

스페인 사람들이 배를 타고 처음 상륙하여 한 말이 '부에노스 아이레스'라 한다. 그들은 탱고의 발상지인 보카지구에 정착하여 이민 생활을 시작하였다.

5월 4일 아침 일찍부터 시티 투어에 나섰다. 5월 광장에 있는 대통령궁과 국회의사당, 대성당을 방문하고 보카지구를 돌아봤다. 보카지구에 있는 초라한 집들의 벽에는 많은 그림이 그려져 있었다. 그래서인지 이곳에서 유명한 화가가 탄생했다고 한다.

다음으로 레꼴레따 지구에 있는 프랑스풍의 마을과 함께 있는 레꼴레따 공동묘지로 발길을 옮겼다. 이곳에는 50개의 무덤이 있으며 가문 묘는 650개나 된다. 무덤은 50개이지만 층층이 아파트 모양으로 시신을 넣어서 650개의 묘가 있다. 열세구의 대통령도 이곳에 안치되었다. 가장 비싼 묘는 예수님의 승천을 금으로 만든 Dorrego Ortiz Bascualdo 가문이다. 예수님의 승천 그림 아래에 묘를 만들었다. 노벨화학상 수상자는 Familia Federico R. Leloir 가문에서 나왔다. Luz Maria Garcia Velloso 시인의 아들은 15세에 죽었다. 시인은 아들의 죽음을 애통해 하며 가족묘 맨 위에 아들의 조각상을 세웠다. 아들이 죽은 후 시신을 관에 넣었는데 얼마 후에 관을 열어보니 아들이 눈을 뜨고 있었단다. 빨리 관을 열었다면 아들이 살 수도 있었을 것을 생각하며 비탄에 젖어 조각상을 만들었다. 조각상에서 인상 깊었던 것은 아들은 문 앞에 서 있었으며 문고리가 없는 문을 열려고 한손을 그곳에 대고 있었다. 고리가 없으므로 아이는 문을 열수가 없었다. 이는 아버지가 관을 열어주지 않아 죽을 수밖에 없었던 것을 상징한 것 같다. 시신은 방부처리해서 흙 없이 층층으로 매장되었다.

리모델링한 묘로 관리가 잘된 것으로는 TTE. Gral. Pasgual A. Pistarini 가문이었으며 이곳에는 그들이 키웠던 개의 납골함까지 있었다. 가장 호기심을 가졌던 것은 우리나라에도 잘 알려진 '에비타 페론'의 묘였다.

그녀가 영부인으로서 묻혀야 할 대통령 페론의 가문의 묘에는 그녀가 없었다. 이유는 그녀의 신분문제였다. 그녀의 어머니는 대농장 지주의 노예로서 주인인 지주에게 잘 보여 출세도 하고 노예에서 벗어나고 싶었다. 그래서 지주와의 정분으로 에비타를 낳았다. 에비타는 15살에 가출하여 유랑극단의 삼류 여배우가 되었으나 22세에 앵커로 활약하였다. 한 자선 음악회에서 페론을 만나 뛰어난 사교춤과 미모로 그의 사랑을 받아 20살의 나이로 에비타는 그와 동거에 들어갔다.

페론이 대통령에 출마하자 그녀는 대선운동을 도와 대통령이 되는데 큰 공로를 세웠다. 1946년 6월 정식으로 아르헨티나 퍼스트레이디 자리에 올랐다. 그 후 그녀는 에바페론 재단을 설립하여 귀족의 반대편에 서서 서민을 위하여 많은 일을 했다. 그리하여 아르헨티나의 국모라고까지 하지 않는가. 출생 신분의 문제로 인하여 그의 시신은 페론의 가문에 묻힐 수 없었다.

그녀의 시신은 이태리에서 20년간 방치되어 있다가 끝내는 친정아버지의 가문에 묻히게 되었다. 그녀는 백혈병으로 33세의 나이로 사망하였다. 죽어서도 인정받지 못한 그녀는 말이 없었다. 그러나 그녀를 사랑하고 그리워하는 아르헨티나인들의 우상이 된 그녀는 'Don't cry for me Argentina'라는 불후의 명곡 속에서 아르헨티나 국민들의 가슴 깊이 살아 있다.

부에노스아이레스에서 가장 비싼 땅이 이 공동묘지(Cementario)가 있는 주위라고 한다. 죽은 자들이 산자의 그림자가 되어 그 값을 올려주고 있다.

묘지를 돌아보고 나올 때에 낮게 드리워진 회색 하늘은 빗방울을 던지기 시작하였다. 무덤 속에 있는 이들의 삶을 대신하여 에비타가 흘리는 눈물 같기도 하다. (『수필문학』 2014. 6월호.)

장 담는 남편의 친구

입춘이 지났지만 영하 10도의 매서운 추위가 바람을 동반하고 몸을 떨게 한다. 해는 지고 어두움이 언 땅 위에 내려앉았다.

대문의 벨 소리에 개폐기를 누르며 "누구세요" 하니 뜻밖에 남편 친구가 대문 앞에 서 있었다.

"들어오세요." 하고 나는 그를 반겼다. 옆에 서 있던 남편이 친구를 향하여 묻는다.

"너 메주 때문에 왔구나?"

남편의 친구는 들어오지도 않고 그렇다며 메주를 달라고 한다. 남편은 내일 자기가 갖다 주려고 했는데 밤에 왜 왔느냐며 까만 비닐 봉투에 넣어둔 메주를 들고 나와 그에게 건네주었다. 남편의 친구는 타고 온 자전거 뒤에 메주를 매달고 나에게 안녕히 계시라며 어둠 속으로 사라졌다.

남편 친구의 부인은 5년 전부터 치매를 앓고 있다. 이로 인하여 집안 살림을 남편 친구가 도맡아 하고 있다. 식재료를 사는 일부터 요리를 하기까지.

퇴직자 모임에서 남편에게 우리 집 된장은 어떻게 담그느냐고 묻길래 아내가 집에서 담근다고 하였더니 그것 좀 잘 보았다가 자기에게 알려 달라고 하더란다. 그때부터 남편은 나에게 장 담그는 심부름을 자기에게 시키라고 하였다. 메주를 씻어서 햇볕에 말리고, 항아리에 소금물을 풀어서 하루 정도 지난 후에 말린 메주를 항아리에 넣고 달걀을 넣어서 오백 원짜리 동전이 보일 정도로 뜨면 간이 맞는다고 알려 주었다.

장 담그는 일에 왜 그리 신경을 쓰느냐고 물었더니 그 친구가 된장을 사서 먹었는데 맛이 너무 없어서 직접 담그려고 한다는 것이다. 내가 일전에 병에 담아준 된장이 맛있었다며 꼭 알아서 알려 달라고 하였단다.

그 후부터 남편 친구는 직접 된장과 국간장을 담가서 먹는다. 남편 친구는 이북에서 혈혈단신으로 월남하여 독학으로 학업을 마치고 학교에서 정년퇴임을 한 분이다. 결혼하여 2남 1녀를 두었다. 자녀들은 결혼하여 그의 곁을 다 떠나고 부부만 함께 지내고 있었다.

자녀들은 부인을 요양소로 보내자고 한단다. 그러나 자신은 절대로 그렇게 할 수 없다며 날로 심각해지는 부인을 간병하며 힘든 생활을 하고 있었다. 부인이 밥을 잘 먹지 못해 때때로 부인을 차에 태우고 외식을 한다는 소리를 들었다. 언제 함께 식사를 같이 하여야겠다고 하였더니 남편은 그럴 상태가 아니라고 한다.

메주를 자전거 뒤에 싣고 흰 머리카락을 날리며 어둠 속에서 페달을 밟는 남편 친구의 뒷모습을 보며 눈시울이 뜨거워진다. 그는 언젠가 자신의 신세를 한탄하며 노년에 이렇게 지내게 될 줄을 몰랐다며 소주잔을 비웠다.

내년에는 두말의 된장을 담가서 남편의 친구에게 한 말분을 보내야겠다. 그러면 나의 가슴 속에 아린 아픔도 사라지려나.

(2014. 2. 5.)

친구에 대한 연민(憐憫)

지난주에 남편은 한 통의 전화를 받았다. 초등학교 동창 한 분이 사업을 한지 35년이 되었고, 오늘 새로운 건물을 지어 회사를 이전하고 창립 35주년을 기념하는 행사에 초대한다는 내용이었다.

일찍부터 잠자리에서 일어나 출타 준비를 했다. 창립식이 오전 11시인데 지하철을 타고 가야하니 좀 일찍 출발하자고 한다. 오랜만에 고향 동창들을 만나는 설렘으로 기분이 들떠 있는 듯하다. 남편뿐만 아니라 나도 자주 만나던 친구들의 모습이 떠올라 마음이 설렜다.

1시간 30여 분이 경과하여 우리는 친구의 건물이 있는 지하철역에 도착하였다. 미리 와서 기다리고 있던 남편 친구와 함께 행사장으로 향했다.

3층 세미나실에 식장이 깔끔하게 마련되어 있었다. 둥근 테이블에는 손님들이 벌써 많이 자리를 차지하고 있었다. 우리는 남편 친구의 안내로 홀 중앙에 자리한 테이블에 앉았다. 앉고 보니 낯익은 여러분이 인사를 하였다. 부인들과도 인사를 나누었다. 곧이어 H 교수가 들어왔다. 아내의 부축을 받으며 지팡이를 한 손에 쥐고 조심스럽게 와서 우리 테이블에 동참하였다. 그를 보자마자 남편은 자리에서 놀란 표정을 짓더니 벌떡 일어나 그에게로 간다.

"너 어떻게 된 거냐? 왜 이렇게 됐어?"

"어~"

서로 손을 잡고 마주보는 눈에는 H 교수도 남편의 눈에도 눈물이 그렁그렁하였다. H 교수는 S대 동창으로 TV에서 모습을 많이 보였는데 어느 날부터인가 보이지 않아 내가 그의 안부를 남편에게 물어본 일이 있었다. 그때 남편은 "글쎄! 바쁜가 보지." 하고 대수롭지 않게 답변하였다.

"지금부터 회사의 창립 35주년 기념행사를 시작하겠습니다."하는 사회자의 말이 떨어지자 낯익은 사람이 남편의 자리에 의자를 끌어 당겨 앉으며 "잘 지냈니?" 하며 인사를 한다.

"아! 친구야 오랜만이다. 우리 집에 다녀간 후 10년은 넘은 것 같다." 남편은 그의 손을 잡고 "얼굴이 나보다 늙었소." 하며 농담으로 그를 놀렸다. 주위 친구들이 박장대소를 한다.

그 회사의 사장인 친구가 일어나서 홀 안에 있는 분들에게 "주말에 귀한 시간을 내어 참석해 주셔서 감사합니다." 라는 인사말과 더불어 여러분의 도움과 조언으로 오늘에 이르게 된 것을 감사한다고 했다. 남편은 저 친구가 사업은 한다고 들었는데 이렇게 크게 된 줄은 몰랐다고 나에게 귓속말로 전하였다.

식순이 끝나고 뷔페로 차려진 음식 앞에 손님들이 줄을 섰다. 우리 테이블에 있는 사람들은 좀 천천히 나가자며 앉아서 담소를 나누웠다. 사장은 우리의 테이블로 와서 일일이 악수를 하며 고맙다고 하였다. 남편을 보고는 "꽤 오랜만이다." 하며 자주 좀 만나자고 하였다.

"마! 높은 사람 자주 만나면 피곤한거야. 헌데, 너 언제 이렇게 큰돈 벌었냐. 난 훈장하다가 이 꼴인데."

이 말에 사장은 나에게 "이 친구하고 학교 다닐 때는 제가 어울리지도 못했습니다." 라며 남편을 추켜세웠다. 그 한 마디에 그의 인품이 보였다.

남편과 옆자리에 있는 두 사람만 소주를 세병 마셨고 나머지 분들은 모두 몸을 사렸다. 맥주와 막걸리가 있었으나 두 사람은 소주만 주거니 받거니 하였다. 마지막 잔이 비자 모두들 기다렸다는 듯이 "이제 갑시다." 하고 자리에서 일어섰다.

자리에서 일어난 친구 중 세 사람이 부인의 도움으로 지척거리며 걸었다. H 교수와 얼굴이 야위었다고 남편이 말한 친구, 약학 박사 B씨와 말기 암에 투병하고 있는 Y씨이다.

그들에게 다가가서 남편은 안쓰러운 모습으로 "마! 너희들 왜 이러는 거야" 한다. 그들과는 악수조차 하기 힘들었다. 한손은 부인들이 잡았고 한손에는 지팡이가 들여 있으니 말이다.

집으로 돌아오는 지하철 안에서 남편은 건강치 못한 친구들을 보니 마음에 통증이 느껴진다고 했다. 술을 마시지 않는 친구들은 다 수술을 한두 번씩 한 사람들이라고 한다.

화사한 햇살이 오후 시간을 빛내고 있으나 남편의 가슴엔 친구들에 대한 연민이 먹구름처럼 밀려오고 있었다. (2012. 3.)

마지막 길에서

아침부터 비가 바람을 동반하여 이리저리 뿌려지고, 봄꽃들이 맥없이 비바람에 떨어져 땅 위에 주저앉고 있다.

오늘은 치과에 가는 날이다. 마지막으로 불소를 치아에 입히는 날이다. 4주째 치료를 받았다. 예약 시간은 오전 9시 30분이였다. 병원까지 지하철로 30여 분은 걸리므로 조금 여유 있게 8시 40분쯤 집을 나섰다. 집에서 가까운 6호선을 타고 신당에서 2호선으로 갈아타고 답십리역에서 내리면 5분 거리에 치과 병원이 있다. 막내 사위가 건강검진을 예약하여 지난 3월 29일 모든 검진을 마치고 그 병원 안에 있는 치과에서 스케일링을 한 후에 예방 차원에서 치아에 불소를 입히는 것이 좋다고 하여 시작한 일이다.

오늘도 6호선을 타고 신당에서 내려 2호선으로 갈아탔다. 헌데 성수역에서 이상한 안내 방송이 나왔다. 용답이나 신설동으로 가는 분들은 내려서 계단 아래로 내려가 다른 열차를 타라고 한다. 그 안내 방송을 듣는 순간 나는 내려야 되겠다는 생각이 들었다. 왜냐하면 답십리역으로 이 전철은 분명히 가지 않는다는 판단에서였다. 내려서 방송대로 계단을 내려가 용답 진행 화살표를 한곳에 섰다. 순간 열차는 홱 지나갔다. 앞에 팻말을 보니 20m 앞에서 타라고 한다. 어림잡아 20미터 쯤 가서 기다렸더니 지하철이 스르르 멈춰 섰다.

신답역은 있는데 답십리역은 없다. 이차는 차고가 신설동이었다. 신답역에서 내려야겠다는 생각이 들어 지하철이 멈추자마자 내렸다. 역내에서 청소를 하는 아주머니에게 답십리역을 물었으나 모른다고 하며 계면쩍게 웃는다. 역무원에게 답십리역을 물었다. 밖으로 나가서 오른쪽으로 계속 가면 역이 나온다고 한다. 바람을 타고 내리는 비는 바짓가랑이를 다 젖게 하였다. 우산에 힘을 주어 잡고 가는데도 우산은 위 아래로 좌우로 맘대로 움직인다.

15분 이상을 걸었을 때에 답십리역 출구가 보였다. 이제 찾았구나 하는 안도감을 느끼면서 5번 출구를 찾아 직진하면 병원이 있겠구나 하고 부지런히 걸었다.

병원에 도착한 시간은 10시 35분이였다.

빗길을 걸어 집으로 돌아오면서 곰곰이 인생길을 생각해 본다. 인생 초년과 중년의 삶이 아무리 윤택하고 부족함 없이 지냈다 하여도 노년이 궁하고 약하면 젊은 날에 영화부귀는 아무 가치가 없다고 느껴진다.

즉 젊은 날의 길이 평탄하여도 노년의 길을 방황하게 되면 고통이 있게 마련이다. 젊은 날에는 길을 잘못 찾아도 젊음의 에너지로 가고자 하는 길을 다시 찾아 가면 된다. 허나 노년은 그렇게 하기가 힘들다. 우선 소비할 에너지가 그만큼 축적되어 있지 않다. 눈도 흐려서 가는 방향을 제대로 보지 못한다. 시간은 흐르고 밤은 눈앞에 닥쳐와 길 잃은 나그네 신세가 될 수도 있다.

다음에 지하철을 탈 때는 내부순환열차인지를 꼭 확인하여야겠다. 철로로 들어오는 모든 전철이 같은 방향으로 가는 것이 아니기에. 나의 실수는 여기서 비롯된 것이기에 말이다.

아침부터 비가 내리고 바람이 부는 것은 나의 오늘이 궂은 날인 것을 상징적으로 말하여 주는 듯하다. (2012. 4.)

오랜 세월을 보내고서야

5월이 되자 보라색 라일락 향기가 정원에 그윽하다.

꽃이 피면 늘 그 옆에서 오락가락하는 나는 오늘도 라일락 향기에 취해 그곳을 향하여 천천히 걸어가고 있다. 정원 분수가 있는 연못 뒤편에 있는 라일락 나무는 담에 기대어 있다. 나무에 가까이 가기 위하여서는 연못 옆에 세워놓은 정원석에 올라서야만 한다. 정원석에 올라서려는 나를 발견한 남편이 갑자기 거실에서 큰소리를 질렀다.

"여보! 잔디로 내려가 있어요."

거실에서 급히 달려온 남편은 나의 손을 잡아 잔디로 내려가게 하였다. 그 후 그는 나뭇가지를 자르는 가위를 꺼내어 흐드러지게 핀 라일락 꽃가지를 잘라 손에 쥐고 정원석을 밟아 내려왔다. 화병을 찾아 물을 담은 그는 꽃가지를 꽂고 그 화병을 거실 원탁 위에 놓았다.

"당신이 왠일이유! 꽃을 화병에 담을 줄 알고."

고마운 마음은 있으나 나는 남편을 바라보며 지청구를 던진다.

결혼 초기였다. 꽃을 좋아하는 나는 셋집에 살았지만 꽃꽂이를 하여 식탁에 놓거나 우리의 침실에 놓았다. 남편은 이를 못 마땅이 생각하였는지 길어야 삼사일 가는 꽃을 무엇 하러 사서 꽂느냐며 지청구를 던진다. 그 말에 나는 반박하며 예쁘지 않느냐고 하였다. 꽃값과 그 꽃을 보며 느끼는 아름다움을 어떻게 돈으로 비교할 수 있겠냐고 했다.

남편은 꽃을 사는 것에 돈을 낭비하지 말라는 것이었다. 그 후 정원이 있는 현재의 집으로 이사를 하였다. 목련, 라일락, 장미, 국화 등 여러 종류의 꽃들이 계절 따라 피었다. 하지만 집에 특별한 행사가 있는 날이면 나는 여전히 수반에 꽃을 꽂아 거실 탁자 위에 올려놓는다. 그럴 때마다 남편은 눈살을 찌푸리며 꼭 한마디 잔소리를 한다.

"아껴서 살아야 하는데…. 당신은 우선만 생각해."

그런 소리를 들을 때마다 난 그가 수학을 전공하여 감정이 메마르다고 하였다.

오늘 남편이 나에게 보여준 그의 손길에는 변화가 있다.

얼마나 많은 세월이 흘렀는지. 10년이면 강산이 변한다고 하는데 그 10년이 네 번이 지나고 다섯 번째가 오고 있다.

이제야 나의 마음을 읽은 것인가? 아니면 이제라도 아내의 마음에 기쁨을 주어야겠다는 다짐인가.

남편의 배려가 나의 가슴에 라일락 향기처럼 은은히 퍼지며 긴 세월의 흠집을 메우고 있다. (『수필문학』 2015. 3월호)

직사각형 열애(熱愛)

봄비가 많이 아침부터 내리고 있다. 천이 얇은 우산을 받쳐 들었으니 빗방울이 스며들어 얼굴과 머리를 적신다. 비를 피할 겸 서둘러 버스를 탔다. 출근시간이 좀 지나서인지 빈자리가 두어군데 있었다. 그중 중간에 비어 있는 자리를 택하여 앉았다. 자리에 앉아 있는 사람들을 무심결에 휘 돌아보았다. 모두 손바닥에 놓여있는 직사각형 스마트폰에 눈을 맞추고 있었다. 어떤 이들은 그 위에 열심히 글자를 찍어 넣는다.

모임을 끝내고 전철을 타고 집으로 오기 위하여 지하로 내려갔다. 타야할 지하철은 5분정도 있어야 도착한다는 안내글자가 보였다. 기다리는 사람들이 꽤 많았다. 그들 중 대부분은 스마트폰에 눈이 쏠리거나, 스마트폰에 이어폰을 연결하여 무엇을 듣는지 열중하고 있다. 전철 안으로 들어갔다. 그곳의 풍경도 마찬가지이다.

얼마 전 택시를 탔는데 택시 기사들이 걱정하는 소리를 들었다. 길에서 스마트폰에 열중인 학생들은 클랙슨을 크게 눌러도 비켜가지를 않는다고 한다. 듣지를 못하니 비킬 리도 없다. 그래서 어느 때는 택시를 세우고 내려서 학생들 앞에서 큰소리를 질러대면 그제서야 비켜선다고 한다. 사고가 날까봐 아찔한 생각이 든다는 것이다.

어른이나 아이들이나 직사각형 스마트폰에 빠져 있기는 마찬가지이다. 그들이 스마트폰처럼 사람들을 사랑할 수 있을까? 손바닥 안에 두고 눈을 맞추고 뚫어지게 보며 보듬는 열정! 그 사랑! 그들의 삶 속에서 한시도 떨어지지 않는 스마트폰. 이 세상에서 가장 많은 사람들로부터 가장 많은 사랑을 받는 것이 스마트폰일 게다. 모두들 직사각형 열애에 빠져있다.

4월 6일자 조선일보에 '디지털 바보 안 되려면 런던 택시기사처럼 살아라.'는 기사가 실렸다. 내용은 다음과 같다.

영국 런던에선 택시기사가 되려면 약 2만 5000개의 도로와 수천 개의 광장을 반드시 알고 있어야 한단다. 모두 익히는데 보통

3, 4년 걸린다. 여러 단계의 시험에 통과해야 면허증이 나온다.

이들의 뇌는 일반인과 다를까. 런던의 뇌 과학자들이 택시기사 18명과 버스기사 17명을 조사했다. 연령이나 학력, 운전경험, 지능 면에서는 차이가 없었다. 그런데 대뇌 측두엽의 '해마(hippocampus)' 부위에선 차이가 뚜렷했다. 해마는 학습, 기억 등 인지 기능을 담당하는 기관이다.

택시기사들만 유독 해마의 크기가 컸다. 택시 기사들이 런던 시내 도로와 광장 등을 학습하는 동안 이들의 해마는 커진 반면, 정해진 노선만 다니는 버스기사들은 해마가 별로 늘어나지 않았다는 것. 뇌도 근육과 같다. 계속 쓰는 부우는 발달하고 안 쓰면 쪼그라든다.

우리나라 국립국어원이 2004년 '디지털 치매'를 신조어(新造語)로 올렸다. '디지털 기기에 지나치게 의존해 기억력이나 계산 능력이 크게 떨어진 상태'라고 정의 했다. 저명한 뇌 과학자가 경계할 사례로 한국인의 디지털 중독을 내세웠다는 말도 들었다.

나 자신을 돌아보며 걱정이 된다. 1970년, 1980년대에는 기억을 더듬어 길을 찾아 운전을 했다. 요즈음은 차를 운전하여 초행길을 가려면 시동을 건 후 주소를 네비게이션에 입력 후 그 안에서 나오는 여인이 지시하는 대로 운전을 하면 가고자 하는 곳에 나의 차는 도착한다. 헤매는 것도 시간을 낭비하는 것도 없지만 왠지 나 자신이 점점 바보가 되어 가는 느낌이다.

나에게도 스마트폰이 있다. 이 직사각형이 나에게 없을 때에는 짬이 나면 책을 읽거나 음악을 들으며 명상에 잠기기도 하였다. 그러나 직사각형 친구가 내 손에 들어온 후에는 짬만 나면 열어 그 얼굴에 눈을 맞추고 열애에 빠진다. 남편이 나에게 열심히 무엇인가를 말할 때 내가 듣는 둥 마는 둥 할 때에 보다 못한 남편은 나의 손에서 직사각형 애인을 뺏어 가기도 한다.

디지털 치매가 오기 전에 나도 직사각형 열애를 멈추어야 하겠다. 나의 뇌에 '해마'가 커지도록 일상에서 기억력을 찾고 셈을 계산기가 아닌 속셈으로 하며, 초행길도 내비게이션에 의존할 것이 아니라 길을 물어 시행착오를 겪으며 찾아 가야겠다. 스마트폰에 저장되어 있는 전화번호부터 외우기 시작해야겠다.

전화도 없어 애인에게 소식을 전하기 위하여 편지지를 끌어안고 밤새 끙끙거리며 사랑의 글귀들을 모았고, 시골 친척집을 방학에 가려면 시외버스를 타고 몇 시간씩 가던 때가 그리워진다.

이쯤해서 직사각형 열애(熱愛)는 그만 두는 것이 우리 모두에게 유익하리라.

(2013. 5.)

약육강식

머리와 배의 일부는 하얀색이나 나머지 부분은 빨간색을 띤 금붕어 한 마리가 외롭게 물 위를 오르락내리락 하며 어제 사라진 친구를 찾고 있다.

여섯 마리의 금붕어 중 5년을 함께 살다간 친구 4명은 작년으로 그 수명을 다 하였고, 두 마리가 남아서 짝지어 다니며 2012년을 맞이하였다.

거실의 한 귀퉁이에 위치한 어항에서 그들은 한식구로 늘 몰려다니거나 흩어져 쉬거나 하며 5년을 동고동락 하였다.

남편의 사랑을 받아 온 그들은 남편이 밥을 주려고 근처에 나타나면 남편이 있는 곳으로 조르르 몰려들어 입을 빠금거리며 빨리 달라고 조른다.

남편은 먹이를 조금씩 물 위에 떨어트린다. 그 녀석들은 서로 경쟁하듯이 달려들어 한 알씩 입에 물고는 자리를 떠나지 않는다. 남편이 자리를 비우면 그들도 몰려 있던 자리를 비우며 지느러미를 휘젓고 유영을 시작한다.

처음 그 녀석들이 우리 집에 왔을 때에는 작은 몸집이었다. 그 녀석들은 한 해 두 해 세월이 지날수록 몸집이 불어 비만이 되었다. 배가 불룩 나와서 새끼를 낳으려나 하고 기다렸지만 한 마리도 새끼를 낳지 않았다.

우리 부부는 아침에 일어나면 어항으로 향하여 그 녀석들과 아침 인사를 하고서야 조간신문과 새벽에 배달되는 우유를 집으러 정원으로 나간다.

작년에 한 마리씩 한 마리씩 그 녀석들이 물 위로 떠올라 입을 다물고 불룩한 배를 내밀고 있을 때에 남편은 한 마리씩 건저 내면서 내가 밥을 너무 많이 주었나? 물도 예전처럼 갈아 주었는데…. 하며 슬픈 표정을 지었다.

남편은 건져낸 금붕어를 정원에 심겨진 나무 아래에 흙을 파고 정성껏 묻었다.

여섯 마리 중 두 마리가 남아서 남편의 위로가 되었다. 헌데 한 마리가 어느 날 저녁 무렵 들어다 보니 또 물 위로 떠올랐다.

한 마리가 남아서 외롭게 어항 밑바닥의 잔돌을 입에 물었다가 놓았다 한다. 아마 친구들이 그 속에 숨어 있나 하고 찾는 듯하였다.

어느 날 막내딸이 집에 와서 어항을 들여다보더니 남편을 바라보며 어떻게 된 거냐고 묻는다.

"글쎄. 모르겠다. 어제 또 한 마리가 죽었어. 아빠가 뭘 잘 못했나 모르겠다. 예전처럼 먹이도 주었고 물도 똑같이 갈아 주었는데. 많이 허전하구나."

이 말을 들은 막내는 금붕어 집으로 가서 작은 새끼 금붕어 네 마리를 사왔다. 새 식구를 맞은 큰 금붕어는 비만한 몸을 굼실굼실 움직여 동작 빠른 작은 금붕어들에게 치이고 있는 모습이다.

새 식구들이 어항에 들어간 지 이틀째 되는 한 낮이다. 작은 금붕어 네 마리가 큰놈의 몸통을 이리 쪼고 저리 쪼고 하여 비늘이 떨어지고 살이 너덜거렸다.

"어머! 이놈들 좀 봐요, 저 큰놈을 물어뜯어 죽였네요."

정원에서 잔디에 잡풀을 뽑던 남편이 놀래서 "뭐야~" 하며 달려왔다.

남편은 어이없다는 듯이 넋을 잃고 작은 금붕어들의 입놀림을 바라보고 있었다. 그물망 조리개로 비참하게 죽은 큰 금붕어를 물에서 건져냈다. 6년 동안 매일같이 친구처럼 그들을 돌보아 왔던 마지막 남은 한 마리였다.

남편은 굳은 표정으로 건져 낸 금붕어를 먼저 묻어 놓은 금붕어들이 있는 나무 아래에 묻고 있었다.

요즘 생명을 경시하는 풍조가 만연하여 경악할 일이 심심찮게 보도되고 있다. 헌데 어항 속에 있는 이 작은 금붕어가 저들보다 몸집이 몇 배나 큰 금붕어를 집단으로 물어 죽이는 것을 보고 또한 경악하였다. 약육강식의 본능인가. 이 작은 금붕어 세계에도 강자와 약자의 치열한 생존경쟁이 있다는 것을.

자연이 스스로 순화하며 아름답게 어우러져 가듯이 우리 인간들의 모든 악행이 사라져 서로 보듬어 안으며 평화롭게 지낼 때에 저 작은 금붕어까지도 그 평안을 누릴 수 있지 않을까 하는 생각을 해본다. (2012. 5.)

장애 고양이

늦은 산책을 하고 산에서 내려오던 중이였다. 어두움의 그림자가 서서히 동네를 덮어오고 있다.

골목길을 지나는 차들도 속도를 내어 달리고 사람들의 발걸음도 드문드문 보였다. 그때에 리어카에 폐지를 잔뜩 실은 할머니가 리어카를 구멍가게 앞에 세워놓고 애절하게 고양이를 부르며 따라간다.

"나비야아~ 나비야아~"

할머니의 뒤를 좇아 눈길을 돌리니 할머니 앞으로 갈색 털을 가진 고양이 한 마리가 뒤를 힐끔힐끔 보며 도망을 치고 있었다.

자세히 보니 그 고양이는 뒷다리 하나를 절었다. 그 모습이 불쌍히 생각되었던 할머니는 고양이를 데려다 밥을 주려는 듯 보였다. 그러나 고양이는 잡히지 않으려고 기를 쓰며 달아났다. 한참을 쫓아가던 할머니는 한숨을 몰아쉬며 리어카가 있는 곳으로 되돌아 왔다.

"쯧쯧, 안고 가려고 쫓아 갔더니 얼마나 빠른지. 고양이가 뒷다리가 잘린 모양이니 어디 가서 밥을 먹겠나?" 혼잣말로 할머니는 이야기하더니 다시 리어카를 끌고 골목길 가운데로 나왔다.

집으로 돌아오는 내내 그 할머니와 고양이가 생각났다.

토요일 오후 햇살이 따듯하게 정원에 깔렸다. 어제 세차게 불던 바람도 잔잔해졌다. 아침에 빨랫줄에 널어놓은 옷들이 거의 말라가고 있다.

정원에 있는 앵두나무 가지를 자세히 들여다보니 분홍색 꽃잎이 얼굴을 삐죽이 내밀고 있다. 지난 초겨울에 바싹 잘라버린 국화 줄기 밑에서 잎들이 다투어 돋아나고 있다. 머지않아 산자두며 살구나무 가지에도 꽃이 피리라.

거실에서 음악을 들으며 책을 보고 있다가 우연히 정원을 바라보았다. 앵두나무 아래 햇살이 따스하게 내려앉은 정원석에 고양이 한 마리가 졸고 있다. 갈색털이다. 순간 할머니가 쫓던 그 고양이가 아닌가 해서 거실 창밖에 있는 그 고양이를 주시하고 있었다. 남편이 재활용 물품 봉투를 들고 현관문을 열었다. 그때에 졸고 있던 고양이가 깜짝 놀라며 절뚝거리며 앵두나무 뒤쪽으로 숨어서 담을 넘었다.

나는 옛친구를 만난 듯 기뻤으나 그 고양이는 이내 시야에서 사라졌다.

언제 우리 집에 올지 모르나 앵두나무 아래에 고양이의 밥을 챙겨서 놓아야겠다. 본래 고양이를 싫어하지만 장애를 가진 그 고양이가 자꾸 눈에 밟히는 이유를 모르겠다. 비록 다리를 절지만 건강하게 잘 살아가기를 빌어본다. (2014. 3.)

은행잎

밤새도록 눈은 소리 없이 내려 온 세상을 하얗게 덮었다.

앙상한 나목(裸木)은 하얀 드레스에 하얀 긴 장갑을 끼고 파티장으로 들어가는 모습이다. 작은 산새들도 들러리인양 나무 앞에서 팔짝 팔짝 뛰다가 뒤를 돌아보며 종종 걸음이 된다.

샛노란 은행잎이 아름답게 물들었던 지난 가을을 생각하며 나는 사색에 잠겨 있다.

작년 8월 독일의 프랑크푸르트에 있는 괴테의 생가와 그의 박물관을 방문하였다. 그의 생가는 2층집으로 아름다운 정원을 갖춘 부유했던 모습이 보였다. 괴테가 생전에 집필했던 책상과 의자, 만년필 등도 잘 보관되어 있었다.

박물관에는 괴테의 초상화를 비롯한 작품 등 많은 것들이 진열되어 있었고, 또한 괴테를 상품화하여 파는 진열대가 입구에 있었다. 나는 그중에서 괴테의 시가 적혀 있는 마그넷을 샀다. 냉장고에 붙여 놓고 열고 닫을 때마다 보려는 생각에서였다. 괴테의 시는 다음과 같다.

Dieses Baums Blatt der von Osten/ Meinem Garten anvertraut/Gibt geheimen Sinn zu kosten,/ Wie's den Wissenden erbaut./ ist es ein lebendig Wesen,/ Das sich in sich selbst getrennt?/ Sind es zwei, die sich erlesen,/ Dass man sie als eines kennt?/ Solche Frage zu erwidern,/ Fand ich wohl den rechten Sinn/ Fühlst du nicht an meinen Liedern,/ Dass ich eins und doppelt bin?/ Johann Wolfgang von Goethe

–「Ginkgo biloba(은행잎)」

위의 시를 번역하면 아래와 같다.

내 정원에 있어 친숙한 이 나무의 잎/ 비밀스런 의미가 있는 걸까/ 지식인들에겐 무슨 의미일까?/ 이것은 살아있는 하나의 존재일까/ 나누어진 것일까/ 우리가 아는 바대로 하나가 두개로 보이는 것인가?/ 그런 질문에 답하는 것, 그것은 의미가 있다/ 내가 하나이며 두개인 것을/ 너는 내 노래에서 느끼지 않는가?

괴테의 사진과 시 「Ginkgo biloba(은행잎)」

괴테는 은행잎이 두 갈래로 갈라진 것을 보고 우리 인간의 내면성을 나타낸 것 같다. 나의 삶 속에서도 통일된 것을 발견하기 힘들다. 늘 양면성 때문에 고민하고 우왕좌왕하게 된다. 그러나 이런 갈등 때문에 성장하는 업 사이클 삶이 되지 않을까 하는 생각도 해보았다.

2013년 계사년을 하얀 눈 덮인 모습으로 시작하게 되어 기쁨이 밀려온다. 모든 어두운 내면의 세계를 하얗게 만들어 백지 위에 새 그림을 그리려 한다. 그리하여 은행잎이 두 갈래가 아닌 하나로 만들려 한다. 이 나라의 정치도 하나가 되기를 기원하여 본다. 눈 덮인 산 위에 눈부신 햇살이 쏟아지고 있다.

(영호남 수필문학회 『소리』 제1호)

푸른 여가

용인시에 있는 푸르매 마을 S 씨의 별장을 가기 위하여 경부 고속도로를 달리다가 영동고속으로 빠졌다. 용인을 지나 양지인 터체인지에서 내려 푸르매 마을로 향하였다.

푸르매 마을로 들어서자 별장들이 띄엄띄엄 보였다. 낮은 나무 울타리 안으로 푸른 잔디와 예쁜 꽃들이 눈길을 끌었다. S 씨의 별장은 입구에서 그리 멀지 않았다. 그녀의 집 앞에 차를 파킹하고 벨을 눌렀다. 붉은색 원피스를 입고 나오는 그녀는 연녹색 나뭇잎들과 조화를 이룬다.

정원 한 모퉁이에 심어져 있는 벚꽃은 마치 홍매화처럼 색이 붉다. 그 옆에는 돌확에 물이 채워져 있다. 작은 산새들이 돌확 주위에 앉아 수다를 떨다가 목이 마른지 주둥이를 물속에 담갔다가 꺼내곤 한다.

정원 여기저기에 야채가 보인다. 상추, 쑥갓, 시금치, 배추, 청경채 등등. 부지런한 그녀의 손길이 담긴 것들이 여기저기서 확인 할 수 있었다.

현관 옆 자투리땅에는 머위 잎들이 너풀거리도록 크게 자랐다. 그녀의 어머니가 사용했던 장독대는 정원 뒷켠에 있었다. 큰독과 함께 작은 질항아리들이 올망졸망 놓여 있어 옛이야기를 풀어 놓는 듯했다.

12시가 다 되자 나와 함께 초대된 글벗들이 모두 모였다. 그녀는 미리 씻어놓은 야채 소쿠리와 초고추장 겨자소스가 들어 있는 간장, 쌈된장 등을 정원 테이블에 올려놓는다. 삼천포에서 당일 택배로 올라왔다는 회를 도자기 그릇에 소담스레 담아서 내놓는다. 서울에서 일찍 떠난다고 아침을 거른 글벗들은 싱싱한 야채에 회를 싸서 먹는 모습을 보니 볼이 터질 듯하였다.

뒤이어 보글보글 끓인 된장찌개와 봄나물, 멸치고추 볶음과 김이 모락모락 나는 밥을 내어 놓았다. 보기만 해도 군침이 돈다.

식사 후 우리는 산책으로 그녀의 별장에서 멀지 않은 世中옛돌

박물관을 돌아보자는 의견이 있어서 그곳으로 발걸음으로 옮겼다.

우리의 선조들이 돌을 통하여 일구어 놓은 문화가 그곳에 있었다. 지킴이를 뜻하는 동자석, 문인석, 민간신앙에 사용되었던 기우제단, 남근석(민간에서 오랫동안 전승되어 온 성(性) 숭배 신앙물의 하나)이 있었고, 묘제에 쓰였던 장명등(분묘 앞에 세우는 석조물의 일종으로 불을 밝힐 수 있도록 돌로 만든 등), 석양(무덤 앞에 장식하는 석물(石物) 중 하나로 다산을 뜻하는 양)이 있다.

불교신앙에 크게 사용되었던 부도(승려의 사리나 유골을 안치한 묘탑), 석등, 석종, 약사여래입상(경전에서 병을 고쳐주는 위대한 부처란 뜻), 생활 유물로 해시계, 우물 등이 있다.

박물관을 나와 벚꽃이 흐드러지게 핀 산길을 올라가 깊은 산속 카페에 앉아 통유리를 통하여 녹음이 짙어가는 산허리를 바라보며 William Henry Davies의 시, 「Leisure(여가)」를 떠 올렸다.

What is this life if, full of care,
We have no time to stand and stare.
No time to stand beneath the boughs
And stare as long as sheep or cows.
No time to see, when woods we pass,
Where squirrels hide their nuts in grass.
No time to see, in broad daylight,

Streams full of stars, like skies at night.
No time to turn at Beauty's glance,
And watch her feet, how they can dance.
No time to wait till her mouth can
Enrich that smile her eyes began.
A poor life this if, full of care,
We have no time to stand and stare.

삶이 근심으로 가득 차, 잠시 서서 한눈을 팔 시간이 없다면/ 이 인생은 무어란 말인가!/ 나뭇가지 아래 서서, 풀을 씹는 소와 양떼를 따라/ 바라 볼 수 있는 틈이 없다면,/ 숲 속을 지날 때, 다람쥐가 풀밭 속에 도토리를/ 숨기는 모습을 볼 여가가 없다면,/ 밝은 대낮에 밤하늘에 반짝이는 별들로 / 가득 찬 듯한 여울을 볼 시간이 없다면,/ 미를 향해 눈길을 돌려/ 어느 여인이 춤을 출 때,/ 그녀의 발이 어떻게 움직이나를 바라다 볼 여유가 없다면,/ 미소가 눈에서 시작되어/ 그녀의 입가로 번져 지는 것을 기다릴 시간이 없다면,/ 이 삶은 얼마나 가련한가!/ 인생이 걱정으로 가득 채워져/ 잠시 서서 응시할 수 있는 틈이 없다면,/ 이는 얼마나 불행한가!

단독주택에 살고 있는지가 40여 년이 넘었건만 정원에 있는 나무와 꽃을 바라보며 잔디를 밟으면서도, 이곳에서 느끼는 탁 트인 공간의 시원함과 만족한 여가를 갖지 못함은 자연을 독차지 하려는 나의 과욕인 것 같다.

그녀의 별장을 탐내는 내 마음에 부끄러움이 고개를 슬며시 밀고 들어온다.

데이비스의 시처럼 나를 감싸고 있는 작은 움직임에도 관심을 쏟아 기쁨을 주는 여가를 만들어 보아야겠다.

틈을 내어 마음속 그을음을 씻어내고, 그 자리를 연녹색 잎으로 채운 오늘은 푸른 여가를 만끽한 날이다.

(2013. 4.)

손자의 치즈케이크

장맛비가 한 달 이상 계속 되더니 오늘은 잠시 비가 멈춘 듯하다. 하늘은 역시 회색구름과 검은 구름이 오락가락하건만 비는 내리지 않고 있다.

남편과 나는 가족 모임을 예약한 장소로 차를 몰고 있다. 넉넉하게 시간을 잡고 나왔으나 서울에서 경기도로 가는 차도는 교통체증이 심했다.

약속 시간이 오후 1시였으나 우리가 제일 먼저 왔다. 큰딸에게 전화를 했다. 차가 밀려 조금 늦을 것 같단다. 예약된 장소에서 가장 가깝게 살고 있는 아들에게 전화를 하니, 손자가 준비하는

손자가 만든 케이크

것이 아직 안 끝나서 늦겠다고 한다. 막내네 가족은 이미 도착하였다.

1시 20분쯤 되어서 나는 서빙하는 아가씨에게 음식을 내어 오라고 하였다. 흑임자죽과 나박김치가 나왔다. 아들 가족의 테이블에도 음식은 준비되었다. 몇 가지 코스가 나오자 아들과 손녀딸만 나타났다.

"어미와 도경이는?"

"도경이가 케이크를 굽는데 덜 구워졌대요. 우리만 먼저 가라고 해서 왔어요." 한다.

손자와 며느리만 빼놓고 우리는 여러 가지 코스의 음식을 즐기고 있었다.

2시가 거의 다 되었을 때에 손자가 두 손으로 접시에 케이크를 담아가지고 나타났다. 손자는 오자마자 나를 찾더니 내 앞에 따뜻한 그 케이크 접시를 내려놓으며 "할머니! 「시가 있는 페치카'」출판을 축하드려요." 했다.

난 손자를 포옹하며 고맙다고 말했다. 손자가 준비해온 치즈케이크 위에는 짙은 초콜릿으로 '시가 있는 페치카'라는 글씨가 구워져 있었다. 손자와 외손자가 유학 중 여름 방학을 맞이하여 귀국하였고, 손녀딸이 방학으로 기숙사에서 귀가한 날을 정하여, 오늘 가족 모임을 하기로 했다.

아이들이 자라서 각자 스케줄이 있으니 만나기도 힘들다. 6월 말에 귀국한 손자와 외손자도 오늘의 만남이 두 번째이다. 아마 출국 전에 한 번 더 만나면 그것은 나의 기쁨이 될 것이다.

어린 손자가 그의 작은 손을 놀려 조물거리며 케이크를 만들어 온 것을 생각하니, 손자의 따뜻한 가슴이 나의 가슴을 덥혔다. 마치 페치카에 불을 지핀 것처럼. 레스토랑을 나오니 하늘은 개이고 있다. 푸른 하늘을 곧 볼 수 있을 것 같다. (2013. 7.)

찰시루떡

찬바람이 우리 곁으로 다가올 때쯤이면 시루떡이 생각난다.

가을의 스산한 기운이 옷깃을 여미게 하고 목을 움츠리게 할 때쯤이면 어머니는 김이 모락모락 나는 찰시루떡의 큰 시루를 한 개도 아닌 두 개를 거실 마루에 내어놓고 떡을 자르기 시작했다.

떡을 자르기 전에 어머니는 꼭 하는 일이 있다. 두 손을 모으고 눈을 꼭 감고 무엇인가를 빈다. 아마도 아버지가 사업을 하시니 그 사업이 번창하여 운수대통을 기원하는 것이 아닐까.

시루에서 잘라놓은 떡은 수십 개의 접시에 담아진다. 그 후에는 자녀들을 시켜서 이웃에 시루떡을 돌리기 시작한다. 학교에서 돌아와 책상 앞에 앉은 나와 동생들은 어머니가 몇 번씩 불러야 볼멘소리로 "네~에~" 하며 나온다.

우리들에게 떡을 돌려야 할 집들을 알려 주면서 쟁반에 세 개 내지 네 개의 접시를 올려놓는다. 통팥에서 올라오는 냄새가 코로 깊숙이 스며들며 고픈 배를 더욱 고프게 한다. 그러나 떡을 다 돌려야지만 우리는 시루떡을 먹을 수 있었다.

어느 가을 날, 그날도 어머니는 찰시루떡을 동네에 다 돌리고 난 후에 어디 갔다 줄 곳이 있다며 나를 데리고 대문을 나섰다. 이미 어둠은 깔리고 찬바람은 몸속으로 기어들었다. 어머니의 손에도 나의 손에도 떡을 담은 접시가 몇 개 들여져 있었다.

"엄마! 이렇게 먼 곳까지 갔다 주어야 돼?" 하고 나는 불평을 토했다.

그때 어머니는 나의 이종사촌 언니를 말하며 어렵게 살고 있으니 꼭 가야한다고 했다. 나의 기억으로는 아현동 산꼭대기에 있는 허름한 집이였다. 컴컴한 좁은 언덕에 층층 계단을 헉헉대며 올라가서야 그 집에 도착할 수 있었다. 밤중에 찾아온 어머니와 나를 본 언니는 깜짝 놀라며 "고모님! 이 밤에 힘드시는데 어떻게 여기까지 오셨어요?" 하며 어머니와 나의 손을 번갈아 잡았다.

"오늘 시루떡을 했는데, 네 생각이 나서 동네 다 돌리고 이제야 왔다. 따뜻할 때 좀 먹어 보거라. 우리는 늦어서 바로 가야 한다. 잘들 있거라."

어머니의 말을 들은 언니는 눈물을 글썽이며 "고모님! 고맙습니다. 제가 못 살아서~." 하며 뒷말을 이어가지 못했다.

철없던 나와 동생들은 찰시루떡을 할 때마다 불평을 했다. 이 많은 시루떡을 동네 다 돌리고 친척집에 다 돌리고 나면 몇 조각 안 남기 때문이다.

"우리들은 뭐 먹으라고 엄마는 남의 집에만 다 돌려?" 하면서 엄마에게 투정을 부리곤 했다.

신문에 이사 떡 때문에 문전박대 당한 기사가 실려 있었다.

이사를 와서 이웃에게 이사 떡을 돌렸는데 고맙고 반갑다는 인사는커녕 문전박대를 당했다는 이야기이다. 어떤 집은 벨 소리에 아이가 깼다고 하며 화를 내며 문 앞에 두고 가라고 했다.

이 기사를 읽으면서 나의 어린 시절 어머니와 함께 찰시루떡을 돌렸던 추억이 떠올랐다. 나는 지금도 찰시루떡을 제일 좋아한다. 시장 떡집에 통팥 시루떡이 있으면 유혹을 물리치지 못하고 사들고 온다.

5, 60여 년 전 우리에게는 따뜻한 이웃이 있었다. 가난하고

헐벗었어도 이웃과 함께하는 따뜻한 마음이 우리의 가슴에는 있었다.

잘 살고 있는 21세기 우리들은 진정 잘 살고 있는 것일까? 아파트에서는 이웃 간의 층간 소음 때문에 살인까지 서슴지 않는 현실, 애완동물은 애지중지하면서 이웃에서 버려지고 학대받는 아이들에게는 작은 관심조차 없는 현실, 우리의 에고와 무관심은 어디로 향하여 달려가고 있는가?

어머니의 찰시루떡이 그리워지며, 고마운 마음으로 반갑게 접시를 받아들며 웃음으로 나를 맞이하던 그 이웃이 그리워진다.

(2014. 4.)

4

숨겨진 호박 한 덩이

그는 단호박이 매달려 있는 곳으로 성큼 성큼 다가섰다.
그리고는 두 손으로
어린아이를 안듯이 보듬어 안고 볼을 비벼댄다.
고맙다. 너를 두고 갈 번했구나.
니가 나에게 마지막 선물을 보물로 안겨 주는구나.
혼잣말을 하며 호박덩이를 품에 안고 정원을 떠난다.

박수근의 자녀 사랑

6·25한국전쟁이 끝난 후 박수근은 창신동에 작은 집을 마련하여 살았다. 어려운 생활 속에서도 그는 작업을 계속하였다. 그러나 자녀들에게 책 한 권 사줄 수 있는 여유가 없었다. 그는 신문에 난 기사나 연재소설 등을 스크랩해서 아이들에게 읽을거리를 만들어 주었다.

하루는 수채 물감으로 아이들이 볼 수 있는 책을 만들어 주었다. 아버지 박수근은 그림을 그리고 글씨는 부인 김복순 씨가 써서 한 권의 책을 만든 것이다.

박수근 미술관 개관 10주년 특별기획전으로 열리는 『박수근의 바보 온달』에서 그의 딸인 박인숙 씨는 다음과 같이 말하였다.

"아버지가 그림을 그리고 어머니가 손수 글을 쓴 그림책이 제게는 세상에서 하나뿐인 책이었습니다. 이제 모든 어린이와 함께 할 수 있게 된 것이 너무나 기쁩니다."

『박수근의 바보 온달』은 박수근의 그림에 박인숙 씨가 글을 써서 '사계출판사'에서 펴낸 것이다.

박수근이 남긴 책에는 이야기 일곱 편이 실려 있다. 이 책에 실린 「평강공주와 바보 온달」, 「아버지를 찾는 유리 소년」, 「호동왕자와 낙랑 공주」, 「천합 소문 장군」, 「활 잘 쏘는 주몽」 「광개토대왕」, 「을지문덕 장군」 등이다. 강원도 양구에 있는 그의 미술관에 그의 그림의 원본들이 있다.

5월 가정의 달을 맞이하여 박수근의 자녀 사랑을 되돌아보게 된다.

지금 우리의 아이들은 어떤 형편에 놓여 있는가. 부모의 사랑을 듬뿍 받아 티없이 자라야 할 아이들. 자연 속에서 마음껏 뛰놀며 푸른 마음으로 살아야 될 우리 아이들, 그러나 부모의 사랑은커녕 학대에 못 이겨 집을 뛰쳐나와 거리를 방황하는 아이들. PC방에서 밤낮을 가리지 않고 게임 중독에 빠져 충혈된 눈으로 컴퓨터 속의 적을 죽이는 연습만 하는 아이들. 부모의 강압적인 요구에 부모를 죽이는 아이들. 결혼하되 아이는 안 낳기로 하는 젊은 부부들.

이 모든 세태를 보며 박수근 화가의 자녀 사랑이 얼마나 극진하였는가를 알 수 있다. 포근한 가정의 울타리에서 그는 많은 작품을 남겼다. 이는 그가 경작한 사랑 밭에서 얻은 이차적인 수확물이라고 생각된다.

이 세상에서 자녀에게 하나뿐인 그림책을 남겨 준 박수근 화가의 자녀 사랑을 이 세대에 사는 모든 부모들은 한 번쯤 생각하여야 되지 않을까. (2012. 5.)

조카의 주례사

하늘이 낮게 드리워진 11월 마지막 토요일 이른 아침에 전주로 차를 몰았다. 조카의 딸이 그곳에서 결혼식을 하는 날이다.

주말에 고속도로가 혼잡하리라고 생각하여 일찍 길을 떠났는데 예상은 빗나갔고, 결혼식 두어 시간 전에 예식장에 도착하였다. 아는 사람도 없고 할일도 없어서 남의 집 결혼식을 남편과 함께 이리 기웃 저리 기웃하며 보냈다.

오늘 결혼을 하는 신부의 아버지는 시조카로 일찍이 어머니를 여의고 아버지의 재가로 인하여 외할머니 집에서 어린 시절을 보냈다.

내가 결혼했을 당시 그는 해군에서 군복무를 하면서 가끔 휴가를 내어 우리 집에 오곤 하였다. 부모의 사랑을 못 받고 자란 조카를 보면 마음이 늘 아릿하였다. 그는 군제대후 공무원 생활을 하면서 가정을 꾸려 남매를 잘 키웠다. 공무원도 퇴직할 나이가 되어 퇴직하고 지금은 당진에서 아내와 함께 음식점을 운영하고 있다. 그의 머리는 반백발이다. 조카를 볼 때마다 하얀 칼라의 해군복 모습이 떠오른다. 외모도 반듯한 미남이었다. 부모를 잘 만났다면 더 큰 일을 할 수 있는 능력이 있는 사람인데 하는 아쉬움이 나의 마음 한켠을 차지하곤 했다.

결혼식 시간이 가까워지자 조카가 나타났다. 그는 머리에 염색도 하지 않은 채 나타났다. 조카의 반백발을 보고 남편은 "염색 좀 하지 그랬니." 했다. 조카는 손으로 머리를 쓰윽 밀어 올리며 "자연 그대로가 좋지 않아요." 했다.

사회자가 시간이 됐다며 축하객들은 자리에 앉아 달라고 청했다. 곧이어 신랑 신부입장이 있었다. 헌데 주례할 사람은 보이지 않았다. 사회자는 두 사람이 사내 커플이라며 일은 안하고 연애만 하였다며 우스갯소리로 멘트를 날린다. 뒤이어 신부 아버님이 신랑 신부에게 당부하실 말씀이 있다며 앞으로 나오시라고 했다.

신부 아버지인 조카는 부모석에서 일어나 앞으로 나갔다.

"바람이 많이 불고 추운 날씨에 이렇게 먼 길을 오셔서 저의 아이들을 축하하여 주시니 감사드립니다. 오늘 신랑, 신부에게 부탁하고 싶은 말은 나의 외할머니께서 저의 외삼촌이신 아들을 사랑하는 마음으로 서로 사랑하면 평생 후회 없는 삶을 살으리라 생각되어 할머니의 사랑하는 손길을 잠시 추억하며 말하려고 합니다.

할아버지가 안 계신 할머니의 삶은 넉넉지 않았습니다. 그래서 밥에는 늘 보리가 쌀보다 많았습니다. 할머님은 밥에서 쌀만 골라 놋주발에 담으시고 이불에 돌돌 말아서 아랫목에 깔려 있는 '요' 아래 깊숙이 묻었습니다. 아들이 학교에서 올 시간에 맞추어 된장찌개를 바글바글 끓여 대문에 들어오자마자 밥상을 아들 앞에 놓았습니다.

나의 외할머니의 이 사랑으로 나의 딸과 사위가 살아가면 하는 바람이 있어서 한 말씀드렸습니다. 마음속에 그 따듯하고 애틋한 사랑을 서로 나누며 살아가기를 다시 부탁합니다. 감사합니다."

조카의 주례사를 들으며 가슴이 찡했다.

그토록 시어머님의 사랑을 받아오던 남편에게 나는 아내로써 한일이 무엇인가? 반문하며 우리의 결혼생활을 돌아보게 되었다. 젊어서는 직장에 다니면서 남편을 돌아볼 새가 없었고, 늘 가사

도우미 아주머니가 밥 시중을 들었다. 퇴직하고 나서는 직장 다니면서 내가 하고 싶은 일을 못한 것들을 채우면서 분주히 시간을 보내고 있다.

그의 어머니가 시간을 맞추어 바글바글 끓여주던 된장찌개를 그는 평생 그리며 살지 않았을까 하는 생각에 연민이 밀려온다.

오늘 조카의 주례사는 그의 딸과 사위에게 한 것이 아니고 숙모인 나에게 일침을 놓은 것이 아닌가.

남편의 남은 날들을 위하여 아랫목에 묻어 둔 따듯한 밥주발과 시간 맞추어 맛있게 끓인 된장찌개를 주어야겠다는 다짐을 하며 귀경길에 올랐다. (2012. 11.)

자연을 지키는 이들

바람이 불고 비를 뿌리더니 기온이 뚝 떨어졌다.

나뭇가지를 붙들고 안간힘을 쓰던 퇴색한 잎들이 광화문 네거리에서 뒹굴고 있다. 옷깃을 세운 사람들의 발걸음이 빠르다.

오늘은 녹색연합 21주년 창립을 기념하는 후원회 날이다. 나도 그들과 함께 세종문화회관 세종홀 안으로 들어갔다. 나를 초대한 상임대표의 테이블로 안내를 받았다. 상임대표 몇 분에게는 장미 코르사주(Corsage 프랑스어)를 달아 주어서 눈에 띄게 하였다. 마침 아는 분이 두 분 그 자리에 앉아 있어서 어색함을 면하고 인사를 나누웠다. 뒤이어 세 분이 자리를 함께 하였다. 나의 옆에 앉으신 분이 인사를 나누자며 먼저 명함을 내어 주었다. 명함에는 S대학교 산림과학부 연합전공 글로벌 환경경영학 주임교수인 Y라고 쓰여 있었다.

나도 명함을 건네주었다. 나의 명함에는 글을 쓰는 사람으로 내가 속한 단체, 한국문인협회, 국제PEN한국본부 이사, 수필문학가협회 이사라고 쓴 한글로 된 앞면과 뒷면에는 나의 교회에서 외국인을 위한 봉사를 나타내는 직분과 함께 영어 닉네임이 적혀 있다. 서로의 명함을 주고받으며 우리는 녹색운동에 대하여 이야기를 나누기 시작하였다. Y 교수는 10년 전부터 이 운동에 참여하여 왔는데 적극적으로 하지 못하여 죄송하다고 하였다. 나는 처음이라고 하며 부끄러움을 표하였다. 우리가 사담을 나누고 있는 동안 사회자가 개회식을 선포하였고 뒤이어 개회사가 이어졌다.

금년에 자연과 동물을 보호하기 위해 수고하여 온 사람들의 동영상이 화면에 크게 클로즈업 되었다. 사라져가는 고라니를 보호하기 위하여 먹이를 주고 사냥꾼들이 설치한 덫을 치우는 회원들의 모습이 아름다웠다.

동영상이 끝난 후 그 팀을 이끌어 가신 분에게 상이 주어졌다. 자신의 시간과 물질을 투자하여 다 함께 살아가는 이 세상을 아름답게 가꾸어 가자는 녹색연합의 운동이야말로 생명을 지키는 일이 아닌가 한다. 지금까지 이를 모르고 지나온 세월이 무척 부끄러웠다. 우리가 사는 이 시대뿐만 아니라 다음 세대 아니 그 다음 세대…. 영원히 이어져야할 생명의 끈이 이 운동이 아닌가 한다.

조선일보 '자연과 문화란'에 실린 최재천 씨의 글 「뿌리와 새싹(Roots & Shoots)」을 읽었다. 내용은 1991년 탄자니아 10대 청소년 12명이 곰비국립공원에서 침팬지를 연구하고 있던 제인 구달 박사를 찾았다. 자신들이 겪고 있는 마을의 여러 가지 문제를 박사에게 전하였다. 그들이 말하는 것은 침팬지를 비롯한 야생동물들의 불안한 미래와 주변 산림의 황폐화와 도시의 오염에 이르기까지 다양하였다. 그들은 어른들이 이 문제를 해결해 줄때까지 기다릴게 아니라 스스로 팔을 걷어붙이기로 결의하였는데. 이것이 '뿌리와 새싹운동'의 시작이 되었다고 한다.

지금은 120개국에 수십만 개의 크고 작은 청소년들의 자발적인 모임들이 세계적인 네트워크로 발전했다. 우리나라도 지난 몇 년간 20여 개의 학생모임이 만들어져 활발히 활동하고 있다. 이를 격려하기 위하여 구달 박사가 한국을 방문한 것이다.

구달 박사는 다음과 같이 말한다.

"뿌리는 땅속 어디든 파고들어 든든한 기반을 만든다. 새싹은 연약해 보이지만 햇빛에 이르기 위해 벽돌담도 뚫고 오른다. 벽돌담은 우리가 이 지구에 저질러 놓은 온갖 문제들이다. 이제 수

천수만의 뿌리와 새싹이 이 모든 벽돌담들을 무너뜨릴 것이다. 우리는 함께 이 세상을 바꿀 수 있다."

인간, 환경, 동물, 이 셋이면 우리 삶 전체를 아우를 수 있다며 주변 환경이나 인간 사회에 대하여는 많은 일을 했으나 자연을 지키는 사람들로 동물에 대하여서는 배려를 못하고 살아왔다고 최재천 교수는 말했다.

녹색연합 후원회 밤에 어린이들이 자발적으로 자연보호에 참석하며 동물을 다치지 않게 하기 위하여 애쓰는 모습을 보여 주었다. 이 또한 '뿌리와 새싹운동'과 무관하지 않다고 생각된다. 구달 박사가 말하는 인간이 만들어 놓은 벽돌담을 무너뜨리고 자연 그대로를 보존하기 위하여 우리의 장래가 되는 젊은이들과 어린이들이 녹색운동에 참여하고 있다. 그들은 또한 야생 동물들을 보호하기 위하여 안간힘을 쓰고 있다. 녹색연합운동과 '뿌리와 새싹운동'이 지구를 살리며 인간의 삶을 더욱 푸르게 하여 줄 것을 의심치 않는다.

이 밤 녹색연합 21주년 창립 후원회에 참석하여 후원자들에게 돌리는 바구니에 다가오는 세대를 생각하며 부끄러운 손길로 작은 정성을 넣었다.

행사를 마치고 나오는 모든 이들의 얼굴에는 밝은 미소가 담겨져 있다. 바람과 비는 간 곳 없고 높은 하늘에는 별빛만이 반짝인다.

소똥 갤러리

하늘과 바다가 한 색으로 채색되었다. 푸른 코발트색으로 휴가철이 지난 9월 하순경인지라 동해고속도로는 한산했다.

나를 태운 고속버스는 푸른 산과 누렇게 익어가는 들판을 바라보게 하며 거침없이 달렸다. 남강릉 IC로 나와 정동진역과 통일공원 사이에 있는 '하슬라 아트월드'에서 조각공원과 미술관을 둘러보기 위하여 내렸다.

매표소 앞쪽으로 하슬라 뮤지엄호텔이 있고, 야외 정원으로 나가면 하늘정원, 바다정원, 바다카페와 바다전망대, 소나무정원, 놀이정원, 돌갤러리, 소똥갤러리 등이 있다. 한 가운데에는 시간의 광장이 있다. 조각공원만 3만3천 평이란다. 곤충의 숲이 있어 한낮임에도 곤충들의 노랫소리가 공원 전체에 울려 퍼졌다.

나의 시선을 끈 것은 소똥갤러리였다. 작품들은 모두 소똥을 재료로 만들어진 작품이다. 대관령에서 청정 풀을 먹은 소의 똥을 모아 1, 2년의 숙성과정을 거쳐 재료가 생산된다는 것이다.

대관령의 풀들은 우리 소의 장기를 통해 배출되어 매우 자연적인 과정을 통해 예술작품으로 재탄생되는 것이다. 작품으로는 곤충을 만들어 놓기도 하였고 농기구를 만든 것도 있으나 알 수 없는 작품도 여기저기 갤러리 천장에 메어달려 있었다. 숙성된 소똥은 아무 냄새도 풍기지 않고 작품의 향기와 멋만 보여주었다.

이 작품들을 바라보며 케냐의 마사이족이 소똥을 사용하여 지은 그들의 집이 클로즈업 되었다. 내가 그들의 집에 들어간 곳은 3대가 함께 사는 집이였다. 즉 할아버지, 할머니, 아들, 며느리, 손자, 손녀까지 산다고 하였다.

천장을 둥글게 하여 마치 몽골 유목민이 초원에 짓고 사는 게르 같았으나 퍽 협소하였다. 소똥으로 지어진 집에는 출입문이 하나 있었다. 머리를 숙여 간신히 들어갈 수 있는 통로이다. 안으로 들어가자 사람이 누울 수 있는 세 곳이 있었다. 한 곳씩 한 세대가 잠을 자는 곳이다. 캄캄한 안에 작은 빛이 보여서 올려다

보니 소똥 벽에 손바닥만한 구멍이 뚫려 있었다. 그곳을 통하여 햇볕이 들어오고 있었다. 들어온 빛줄기를 쳐다보고 있는데 갑자기 삐악삐악 하는 소리가 들렸다. 깜짝 놀라 소리 나는 곳을 내려다보니 암탉이 땅바닥에 앉아 있고 그 주위에 서너 마리의 병아리가 종종거리며 삐악삐악 소리를 내고 있었다. 더 놀란 것은 병아리들 옆에 강아지 한 마리가 다리를 쭉 펴고 누워있지 않은가. 사람이 사는 곳이 아니라 동물원 같은 느낌이었다. 그러나 평안함이 그 동물들로부터 다가옴은 웬일인가.

궁금증을 참지 못해 추장 아들에게 물었다. 삼대가 이곳에서 사는 것이 맞느냐고. 그는 맞는다고 한다. 놀란 나를 쳐다보며 검은 피부에 하얀 이를 보이며 크게 웃었다. 나이로비에서 대학을 졸업한 그는 영어가 능통하였다.

대학을 졸업하였으니 도시에서 직장을 구하여 편하게 살 수 있지 않겠느냐고 하였다. 그는 고개를 끄덕이며 "Yes" 하였다. 그런데 왜 이렇게 사는냐고 하였더니, 자기는 마사이 사람인 것이 자랑스럽고 이곳을 찾는 외국인들에게 마사이족의 문화를 알리는 것이 기쁘다고 하였다. 또한 소똥으로 지은 이집이 편안함과 만족을 준다고 하였다. 식사는 어떻게 준비하여 먹느냐고 하니 그는 가지고 있던 막대기로 가운데 조그만 공간을 탁탁 치면서 그곳에 불을 펴서 홍차에 우유를 부어 끓여 먹는다고 했다. 동물들과 한 가족이 되어 살아가는 마사이족을 보면서 그들이 자연처럼 보였다. 그가 리드하는 마사이 사람들의 춤을 보며 큰 박수를 보냈다. 수공으로 만든 여러 가지 공예품을 그들은 관광객들에게 팔았다. 자연을 훼손시키지 않고 자연의 혜택을 듬뿍 받고 살아가는 마사이족이다.

대관령에서 나는 풀을 먹는 소들의 분비물을 가지고 이렇게 아름다운 작품을 만들어 이곳을 방문하는 사람들에게 경이로움과 기쁨을 안겨주는 작가들에게 고마움을 전하고 싶다. 그 작가들이 작품의 재료를 계속 얻을 수 있도록 대관령의 자연은 보호되어야겠다. 풀만 아니라 소들도.

마사이족 추장의 아들이 그의 문화를 사랑하고 알리는데 기쁨을 가진 것처럼, 소똥의 문화를 유지 발전시키며 큰 기쁨을 얻을 수 있기를 기원하여 본다. (『文學의 江』 제6집, 2015.)

숨겨진 호박 한 덩이

뜨거운 여름날이 계속되었다. 장마가 온다고 하였으나 비다운 비가 내리지는 않았다. 계속되는 가뭄에 저수지의 바닥이 드러나고 밭이 지진이 난 땅처럼 트고 갈라져 작물들이 고사지경이다.

단층이었던 앞집이 팔리더니 4층으로 올라가 어린이집이 개원되었다.

2층, 3층, 4층의 창문으로 H 씨의 정원과 거실이 보임은 물론이고 아이들의 소란이 모든 고요함을 깨트렸다. 어린이집 원장이 집을 팔지 않겠느냐고 왔을 때에 팔 것을 잘못했다 하는 후회가 들었다.

거의 일 년을 편치 않게 지내고 있을 때에 부동산에서 연락이 왔다. 건축업자가 H 씨의 뒷집을 샀는데 대지가 적으니 H 씨의 집도 판다면 사겠다는 제의가 들어왔다. 기회가 왔다싶어 H 씨는 무조건 계약을 하고 이사 날짜도 빨리 잡아 20일내로 떠나겠다고 하였다.

H 씨는 3년 후면 퇴직을 한다. 그때는 서울의 외곽지역으로 이사하여 자연과 벗하며 음악과 함께 지내려는 노후의 설계를 하고 있었다. 단독주택에서 정원을 가꾸며 20여 년을 살았는데, 아파트로 이사하려니 삭막한 생각도 들었으나 3년을 못 견디겠나 싶어 살던 곳 가까이 있는 아파트에 전세 계약을 하였다.

오늘이 이사하는 날이다. 안방과 서재, 거실과 자녀들의 방에서 모든 물건을 다 꺼내어 이삿짐센터에서 온 차에 차곡차곡 짐이 실려지는 모습을 보던 H 씨는 정원 구석구석을 살피며 20여 년을 함께 지내온 나무들과 풀포기를 애정 어린 눈으로 살피고 있었다.

그의 눈에는 핑 눈물이 고였다. 아침저녁으로 눈 맞추며 지내던 그 가족들이 아니던가. 그때에 배롱나무와 감나무 사이에 호박잎이 넝쿨져 올라간 모습이 보였다. 배롱나무에 붉게 핀 꽃과 감나무에 탐스럽게 커가는 파란 감만 보아왔다. 가끔 호박잎이 보였으나 눈길은 주지 않았다.

정든 정원을 떠나려는 지금 그 호박잎이 눈에 크게 보이는 것은 웬일일까.

두 나무 틈을 비집고 올라간 호박 넝쿨에 짙은 녹색의 단호박이 잘 여물어 한 덩이 매달려 있는 것이 아닌가. 그는 단호박이 매달려 있는 곳으로 성큼 성큼 다가섰다. 그리고는 두 손으로 어린 아이를 안듯이 보듬어 안고 볼을 비벼댄다.

'고맙다. 너를 두고 갈 번했구나. 니가 나에게 마지막 선물을 보물로 안겨 주는구나.' 혼잣말을 하며 호박덩이를 품에 안고 정원을 떠난다.

수많은 장소에서 수많은 사람들과 사물들을 접하며 우리의 삶은 엮어져 간다. 그 가운데 H 씨가 발견한 호박 한 덩이처럼 나에게 주는 큰 기쁨의 보물을 보지 못하고 흘러가는 세월이 얼마나 많았던가.

주위에 하찮은 작은 것들이 나의 삶 속에 반짝이는 보물로 계속 발견될 때에 나의 가슴 속 강물은 환희로 늘 출렁이리라.

(2014. 8.)

鄭敾의 추일한묘(秋日閑猫)를 감상하면서

날씨가 꾸물거려 비가 오려나 하는 걱정을 하면서 성북동에 위치한 간송미술관을 찾았다. 미술관은 보이지 않고 입장을 기다리는 사람들로 보행로는 막혀 있었다. 작년에도 보려다 못 보아서 시간이 얼마나 걸리든지 기다리겠다는 마음으로 관람을 기다리고 있었다.

나의 뒤에서 따라오는 두 젊은 남자는 배가 고픈데 어떻게 몇 시간을 기다리지 하면서도 포기하지 않고 계속 나의 뒤를 따랐다. 보도 옆의 벽에는 여기서부터 3시간이라고 쓴 벽보가 붙어 있었다. 벌써 한 시간 가까이 서 있었는데. 아마 이렇게 해서 포기 시키려는 것인가 하는 생각마저 들었다.

여기서부터 2시간이라는 벽보가 또 보였다. 기다리는 수밖에. 나의 인내는 미술품을 보려는 갈망과 싸우고 있다.

줄을 서기 시작한지 2시간 30분 만에 미술관 앞에 다다랐다. 바로 들어가나 했더니 여기서도 20여 분을 기다렸다. 사고를 막기 위하여 좁은 미술관에 있는 관람객들의 수를 앞에서 조정하고 있었다. 미술관은 1층과 2층으로 되어 있었으며 벽에 걸려 있는 작품과 유리 진열장 안에 있는 작품들이 있었다.

나는 진열장 안에 있는 정선의 추일한묘(秋日閑猫)의 그림을 유리창을 통하여 보며 감상에 빠져 들고 있다.

보라색 국화꽃 다섯 송이가 국화 줄기에 피어 있고 그 위에 작은 벌이 꽃을 내려다보고 평화롭게 날고 있다. 고양이는 국화 꽃 아래 한가로이 앉아 있다. 고양이 앞에 녹색의 방아개비가 멈춰 있다.

그 묵화 속 고양이 옆에 나도 자리를 차지하고 있어 뒤에서 따라 오는 관람객들을 잊고 있었다.

"밖에서 기다리시는 분들이 몇 시간 기다리셨는데 관람 못하고 가시니 죄송하지만 빨리 자리를 비워 주십시오." 하는 안내 아가씨의 음성을 듣고서야 그 자리를 떴다.

들에는 곡식이 알알이 영글어 풍성한 수확의 결실을 재촉하고 과일 나무에도 실한 과일들이 가지를 축축 늘어지게 하고 있다. 한없이 푸르른 높은 하늘에 새들은 두 날개를 펴고 환희의 무도회를 연다. 태양은 눈부신 햇살을 쏟아내고 있다.

가을 날 국화는 이 모든 축복을 보랏빛 꽃으로 피여 향기를 뿜어내고 있다. 그 위에 날고 있는 벌도 꽃의 꿀을 탐내지 않고 있다. 국화 아래에 있는 고양이도 가을의 풍성함을 눈빛으로 즐기고 있으며, 녹색의 방아개비도 고양이를 의식하지 않고 그 앞에 머물러 있다.

이 그림은 나에게 가을날의 풍성함과 평화로운 한가로움을 안겨 주었다. 이 한 점만으로도 오랫동안 기다린 보람을 느꼈다.

오후 6시가 다 되어 미술관을 나와 그 옆에 있는 간송, 전형필 씨의 조각상을 휴대폰에 담고 아침보다 밝은 햇살을 밟으며 미술관 언덕배기를 내려왔다. (2012. 5.)

서백당(書百堂)을 찾아서

나무들이 아름다운 색채로 옷을 갈아입고, 마치 무도회장에 나타난 여인들의 성장한 모습으로 양동마을에 간 나를 맞이했다.

양동마을은 경주시 양동면 양동 마을길 134의 위치에 있는 세계문화유산에 등재된 한옥마을이다. 세계문화유산은 2010년 7월 31일에 등록되었다.

양동마을 뒤쪽에는 설창산이 있고 그 아래에는 넓은 평야가 펼쳐있다. 평야를 뒤로 하고 얕은 언덕에 우리나라 전통 한옥이 초가집과 기와집으로 지어져 있다. 마을 입구에 있는 양동초등학교 옆으로 안락천이 흐르고 안락교가 있는 곳에 안강이 흐르며, 그 옆에는 양동들판이 누렇게 익은 벼를 품고 있다.

중요민속문화제 23호인 서백당은 양동마을의 안골(內谷)의 뒤쪽에 위치하고 있다. 입지는 양동마을을 감싸고 있는 설창산과 문장봉에서 뻗어 내려온 네 줄기의 능선이 물(勿)자 형을 이루는 지형이다. 월성(현,경주) 손씨 큰 종가로 양민공 손소(孫昭,1433~1484)가 조선 세조 5년(1459)에 지은 집이다. 양민공의 아들 손중돈(1463~1529)선생과 외손인 이언적(1491~1553)선생이 태어난 곳이기도 하다.

한일자형 대문채를 들어서면 앞에 사랑채가 있다. 사랑채와 연결되는 안채는 'ㅁ'자 형태로 오른쪽으로 손소를 모신 사당이 있다. 안채는 지붕옆면이 팔(八)자 모양의 팔작지붕이다. 사랑채는 지붕의 옆면이 사람 인(人)자 모양의 맞배지붕이다. 사랑방과 잠을 자는 침방이 대청을 두고 'ㄱ'자 모양으로 놓여 있다. 사랑방과 작은 사랑방이 서로 마주치는 것을 피하기 위해 작은 사랑방을 모서리 쪽에 두었다. 마당에 향나무는 이집을 짓고 기념하기 위하여 손소가 직접 심었다는 550여 년 된 나무이다.

서백당의 처음 이름은 서인백(書忍百)이었다. 서인백의 유래를 보면 어느 해 중국에 9대가 한집안에 살았는데 왕이 이곳을 지나다 그 이야기를 듣고 찾아가 어찌 9대가 한집에 살 수 있냐고

담장밑 돌확

물으니 그는 붓과 종이를 들고 오더니 참을 인(忍)자를 백 번 쓴 다음 임금에게 이러면 안 될 것이 없다며 빙긋이 웃었다고 한다. 이 이야기가 전해져 오는 곳이 서백당이다.

나는 작년 가을에 처음 서백당을 찾았고 금년 시월 말에 두 번째로 서백당을 방문하였다. 작년 가을에 갔을 때에는 27대손 며느리가 되시는 87세의 할머니가 나오셔서 국제PEN한국본부의 회원들을 맞이하셨다.

정원에 550여 년 된 향나무가 여름에 가뭄으로 인하여 말라서

물을 펴서 주느라고 온갖 고생을 다 하였다고 한다.

전통 있는 종갓집답게 대청마루 천장 아래에 긴 선반이 설치되어 있고, 그 위에는 수많은 목제기가 차곡차곡 쌓여 있어 얼마나 많은 제사가 이집에서 치러지고 있는지를 한눈에 알 수 있었다. 노인은 자신이 사용하고 있는 부엌을 보여 주었다. 부엌으로 들어가는 뒤편에 장독대가 있었고, 많은 독이 있었다. 장독대가 종갓집 장맛을 지키고 있었다.

안내자의 말에 의하면 부엌은 잘 안보여 주는데 그날 우리는 운이 좋다고 말했다.

오늘 할머니는 보이지 않았다. 작년에는 안내자의 말을 듣고 있는 우리를 따라 다니시며 조용한 미소를 머금고 이곳저곳을 더 설명하여 주었다. 그분이 안 계신 집안은 적적했다. 다만 할머니가 살려 낸 향나무만이 정원에서 나를 맞이했다. 향나무 가지도 힘이 드는지 서너 개의 버팀목에 의지하고 있다. 부엌으로 가는 길은 출입 금지의 표지판이 놓여 있다. 이집 주인 할머니가 편찮으시다고 한다.

종손은 문중을 위하여 자신을 버려야하니 이 할머니대가 오기까지 써온 많은 인(忍)자는 서백당을 다 채우고 양동마을을 덮었으리라 생각된다.

작년에 뵌 그 할머니의 정갈하신 모습이 눈앞에 삼삼하다. 27대 손부 할머니가 안 계신 서백당은 텅 비어있는 듯했다. 화려하지 않으며 우아하고 단정한 여인네의 아름다운 향기가 은은히 나를 감싸고 돌았다.

서백당을 나오는 나에게 이 가을의 단풍 색깔은 향기로 변하여 우리나라 선조 아낙네들의 장독대에서 발효되어 나오는 그 신비로운 맛과 인내의 열매가 풍기는 향에 젖어들게 하였다.

(2014. 10.)

무첨당(無忝堂)에서

경주 양동 한옥마을에도 가을이 무르익었다.

조선문인회 회원들은 마을의 안골(內谷)에 위치한 서백당(書百堂)을 지나서 물봉골(勿峰谷)에 지워진 무첨당을 찾았다.

무첨당은 조상에게 욕됨이 없게 한다는 뜻이다. 이는 조선 중기의 기와집으로 성리 학자이자 문신인 회재 이언적(1491~1553)이 경상감사 재직 때 지은 종가 별당이다. 이언적의 아버지 이번이 생활하였다고 하는데, 무첨당의 용도는 친구와 벗하며 손님접대와 독서 등의 용도로 만들었다.

아버지 이번(1463~1500)은 여강이씨로 성종의 총애를 받아 성균

관 생원으로 손소의 8남매 중 둘째 딸과 결혼하여 처가인 양동 마을로 입향 하였고, 그의 맏아들이 회재 이언적이다. 무첨당은 회재의 장손자인 이의윤의 호이다.

무첨당의 구조는 앞면 5칸, 옆면 2칸의 규모로 건물내부를 세 부분으로 나누워 가운데 3칸을 대청으로 하고 좌우 1칸씩은 온돌방으로 되어 있다.

대청은 앞면 기둥사이를 개방하고 누마루에서도 대청을 향한 쪽은 개방하도록 되어 있다. 대청 뒷면은 벽채를 만들어 문짝을 달았다. 평면은 'ㄱ'자형 둥근 기둥과 네모기둥을 세워 방과 마루를 구분하였다.

무첨당에 걸린 편액 중에 흥선대원군이 이곳에 하루 묵고 남겼다는 '좌해금서(左海琴書)'이다. 그 뜻은 선비는 책을 읽어야 하지만 풍류도 알아야 한다는 것이다. 이는 조선시대 선비의 마음가짐을 잘 나타내었다고 한다.

무첨당에 들어서자 개량 한복을 입은 여인과 한복에 두루마기까지 입은 젊은 중년의 남자가 조선문인회 회원들을 반갑게 맞이하였다.

그들은 이언적 장손, 여강이씨 이지락 선생의 아들이며 손부이다. 이들이 무첨당을 지키며 현재 생활하고 있다. 손부인, S씨는

무첨당 현판

시인으로 등단하였기에 우리의 방문을 기다리며 대청마루에 손으로 정성껏 빚은 송편과 차, 밀감에 엿까지 곁들어 상을 차려 놓았다. 우린 인사를 나누고 대청마루로 올라가 상 앞에 모두 모여 앉았다. 송편을 보면서 S 씨의 손끝 맛을 느낄 수 있었다. 여인의 손가락 두개 굵기의 송편 속은 계피를 낸 하얀 동부콩이었다. 참기름을 발라 놓은 송편은 오후의 햇살을 받아 더욱 윤기가 났다.

회원들은 송편 하나하나를 입에 넣으며 탄성을 터트렸다. 송편

살의 쫀득쫀득한 맛과 그 속에서 부드럽게 흩어지는 동부 맛이 일품이었다. 동부는 팥보다 크고 껍질이 얇아서 수분을 많이 함유하고 있어 팥보다 맛이 있다. 곁들어 마신 생강차는 생강을 채 썰어 꿀에 재웠다가 그 즙에 더운물을 부어 대추를 잘게 썰어 몇 개 넣고 잣을 두어 개 띄웠다. 아마 엿도 그녀가 직접 전통식으로 만들어 내지 않았을까 한다. 80여 명의 시인들을 대접하기는 어려운 일이나 S 씨는 만면에 미소를 지으며 몇 일전부터 문인들을 만날 기쁨에 들떠 있었다고 한다. 그녀의 남편, 이지락 선생의 아들도 상을 살피며 빈 그릇에 음식을 열심히 채웠다.

이들 부부는 회재의 뜻을 잘 받들어 무첨당(無忝堂)이 뜻하는 '조상들에게 욕이 안 되게 함'은 물론 친구와 벗하며 손님 대접하기를 즐겨하던 선조들의 훈훈한 마음을 이 별당에 펼쳤다.

21세기의 변화에 적응하면서도 우리 선조들의 순수하고 따듯한 情을 S씨 부부처럼 대대로 흘러가게 하였으면 하는 바람이다.

(2014. 10.)

인지유생야(人之有生也)

찬 공기가 아침을 안고 간다. 출근하는 사람들의 종종 걸음이 지하철로 버스로 향한다.

가까이 보이는 산은 회색 하늘 아래 움직임 없이 누워있다.

새해가 시작된지 8일째 되는 날이다. 난 이틀 전에 만났던 사촌 남동생을 만나기 위하여 같은 길을 가고 있다. 신내동에 새로 지어진 K의료원은 주위가 한산하다. 이틀 전에는 12층 일인용 병실에서 그를 만났다. 그의 둘째딸이 병실을 지키고 있다가 나를 맞이했다.

환자는 침상에 반듯이 누운 채 나를 보고 미소 지으며 반겼다.

"누나! 또 오셨어요. 바쁘실텐데…. 안 오셔도 되요."

그의 말에 답하기 위하여 난 앙상한 그의 오른손을 나의 양손으로 잡고 비벼 주면서 그의 귓가에 입을 가까이 대고 말했다.

"동생! 의지를 잃지 마. 회복될 거야. 수시로 기도하고 있어."

"네에. 고맙습니다. 누님! 감사해요." 하며 그는 잠이 온다며 눈을 감았다.

그가 눈을 스르르 감자 조카가 설명을 하였다. 조금 전 통증이 심하여 의사가 진통제 주사를 놓아 주고 갔다고 한다. 그래서 아빠가 잠이 올 거라고 했다.

지난 밤 올케가 밤을 지새워 오늘 새벽에 집으로 쉬러 갔고 대신 조카가 왔다고 한다.

사촌 남동생은 작년에 폐암 판정을 받고 A의료원에서 수술 후 미국에서 3개월 요양 후 건강해진 모습으르 귀국하였다. 그 후 재진을 위하여 A의료원을 찾았을 때에 간에 이상이 보인다며 다시 메스를 대었다. 수술 후 항암치료가 계속되었으나 그는 운동도 계속하면서 잘 견디었다. 몇 개월이 그렇게 흘렀을 때에 재검진은 다시 시작되었고 또 다시 암세포가 췌장에서 발견되었다며 의사는 수술을 권유하여 삼차로 수술대에 다시 올라갔다. 이러한 과정에서 그는 지쳐갔다. 지난 여름 우리가 만났을 때에 그는 건강해 보였다. 나와 함께 먹고 싶은 요리를 시켜서 맛있게 먹으며, 옛날로 돌아가 우리의 어린 시절을 이야기 하였다.

나의 아버지는 사남매였다. 누님 한 분과 남동생(사촌 동생의 아버지), 여동생이 한 분 계셨다. 아버지는 장남이셨다.

설 명절이나 제삿날에는 사남매는 물론 그들의 자손들이 우리 집으로 다 모였다. 설날이면 어른들은 음식을 만들고 사촌들과 함께 나는 밭이나 논에 물을 부어 얼린 빙판으로 나아가 썰매를 탔다. 넘어지고 자빠져 바지와 스웨터를 다 적시고 집으로 돌아오면 어른들은 화가 나시여 우리들을 야단치며 옷을 벗겼으나, 우리들은 꾸중에도 아랑곳 하지 않고 킬킬거리며 웃곤 하였다. 새빨갛게 언 얼굴과 손이 얼얼하였으나 노는 재미에 빠져 있었다.

나의 어머니, 작은 어머니(사촌동생의 어머니)와 고모들은 수십 개의 놋그릇을 닦는 일과 음식준비 때문에 손이 바쁜데, 우리들이 엉망이 되어 들어오니 지금 생각해 보면 화도 내실만 했다.

우리들을 씻겨서 한 방으로 몰아넣고 김이 모락모락 나는 녹두빈대떡을 우리들 앞에 놓으면 벌떼처럼 접시로 몰려들어 수북이 쌓인 빈대떡은 순식간에 없어졌다. 그 당시 우리의 어린 시절은 가난하여도 즐거웠다.

옛일이 파노라마처럼 스쳐가고 있는 중에 나의 발걸음은 12층

병실이 아닌 지하로 옮겨지고 있다. 12층에서 이틀 전에 동생과의 만남이 마지막인 것을 예측 못했다.

사촌 남동생은 하얀 국화송이 속 영정 사진에서 미소 짓고 있다. 오늘 새벽까지도 너를 위하여 기도하였건만 하나님은 외면하시었구나 하는 생각이 들어 하나님께 섭섭한 마음이 밀려오고 있다. 상복을 입은 초췌한 올케와 조카들을 보며 눈물이 왈칵 쏟아졌다.

이때에 동생이 다니던 성당에서 많은 성도들이 연도를 위하여 들어왔다. 동생은 그 성당에서 총회장으로 봉사하였다. 남을 배려하며 숨어서 도움의 손길을 주던 동생이었다. 늘 넉넉히 베풀며 살았던 큰 사람이 떠난 그 자리가 더욱 휑하게 비여 보였다. 임종전 부의금은 받지 말라는 고인의 유언이 있었다며 조의금은 받지 않았다. 조문객들은 조문객 명단에 이름만 남기고 영정 앞에 섰다.

성경 구약 전도서 1장 3절에 다음과 같은 말이 있다.

"사람이 해 아래서 수고하는 모든 수고가 자기에게 무엇이 유익한고 한 세대가 가고 한 세대가 오되 땅은 영원히 있도다."

솔로몬의 고백이 이 아침에 나의 가슴에서 메아리로 들여온다.

또한 요한계시록 21장 4절에는 다음과 같은 말씀이 있다.

"모든 눈물을 그 눈에서 씻기시매 다시 사망이 없고 애통하는 것이나 곡하는 것이나 아픈 것이 다시 있지 아니하리니 처음 것들이 다 지나갔음이니라."

『채근담』에서는 人之有生也(인지유생야) 如太倉之粒米(여태창지입미) 如灼目之電光(여작목지전광) 如懸崖之朽木(여현애지후목) 如逝海之巨波(여서해지거파) 知此者(지차자) 如何不悲(여하불비) 如何不樂(여하불락)이라 하여 사람의 일생은 큰 창고의 쌀과 같고, 눈앞에 번쩍이는 번갯불 같고, 벼랑 끝에 걸쳐 있는 썩은 나무와 같고, 바다의 큰 파도와 같다. 이것을 깨닫는다면 어찌 슬프지 않고 즐겁지 않겠는가. 라고 했다. 이를 한용운의 『채근담』 강의에서는 다음과 같이 풀이했다.

'겨우 칠 척의 몸으로 무한한 우주공간에 거하는 모습이 커다란 창고 안에 들어 있는 한 알의 쌀알 같습니다. 백년의 인생도 영원한 시간에 비하면 한 순간에 번쩍이는 번개와 같으며 위태로움을 말하자면 절벽에 걸려있는 썩은 나무와 같고 변화무쌍함으로 보자면 바다에 출렁이는 파도와 같다는 것이다. 그리하여 인생의 무상함을 알면 어찌 슬프지 않겠는가. 하지만 또 이같이 무상한 가운데 삶을 누리고 있다는 것은 어찌 즐겁지 않겠는가.'

성경이나 『채근담』에서 말한 것처럼 동생의 호흡이 끊긴 것을 보며 인생의 헛된 모습과 무상함에 슬픔이 몰려온다. 그러나 요한계시록 말씀을 묵상하며 아픔과 애통함이 없는 그곳에서 영생하리라는 바람으로 위안을 얻는다.

지하에서 나와 밝은 햇살이 넘실거리는 공원을 걷는다.

출근길에 있던 사람들은 보이지 않고 가까이 보이는 산은 여전히 누워 있으나 찬란한 햇살이 산의 나체를 에워싸고 있다.

『채근담』에 人之有生也(인지유생야)를 되뇌이며 나의 남은 삶을 더욱 소중하고 아름답게 가꾸어 나만의 기쁨이 아니라 다른 사람들의 기쁨으로 남겨야 되겠다는 다짐을 해본다. 동생처럼 말이다.

공원에 벌거벗은 나무는 마른 가지에 봄을 나르고 있었고, 난 가지 위에 핀 꽃을 보며 걷고 있다.

(『文學의 江』, 2014 봄호, 제4호)

그라시아스 니냐

부암동에 있는 '라 갤러리'에서 박노해 시인이 볼리비아를 여행한 사진전이 열리고 있었다. 나는 그 사진전에서 티티카카 호수를 인상 깊게 보았고, 다음으로 체 게바라에게 음식을 마지막으로 준 여인의 모습이 마음에 남았다.

에르네스토 게바라가 본명인 체 게바라(Che Guevara)는 아르헨티나의 상류층 집안에서 안정된 생활을 하였다. 당시 아르헨티나는 세계 경제 순위 7위 국가였다. 그는 최연소 의학박사였다. 그러나 그의 삶에 터닝 포인트는 10개월간 남미지역을 바이크 여행한데서 시작되었다.

남미지역을 여행하면서 아름다운 자연을 보았고, 그 가운데 비참한 생활을 하는 주민들을 보았다. 이때에 그는 인간의 질병을 치료하는 것보다 세상의 모순을 치료하는 일이 더욱 중요하다는 것을 깨닫고 혁명의 확신을 갖게 되었다.

체 게바라는 "나도 다른 사람들처럼 성공하고 싶었다. 하지만 나는 그 길을 걷지 않기로 맹세했다. 그것은 개인적 승리에 불과하므로."라는 말을 남기기도 했다.

그는 아르헨티나를 떠나 과테말라로 갔으나 과테말라에서 쿠테타로 무너지는 정권을 목격하고 멕시코로 망명을 떠났다. 멕시코에서 피텔 카스트로와 운명적인 만남을 한다. 그 후 쿠바 해방운동에 동참하여 쿠바혁명에 성공을 거둔다. 그는 공로를 인정받아 국립은행 총재, 쿠바 산업부장관 등을 지내며 쿠바에 큰 영향을 끼쳤다. 그러나 몇 년 후 자신은 쿠바에서 할일을 다 한 것 같다며 편지를 남기고 쿠바를 떠났다. 아직도 카스트로는 세계에서 가장 오래된 집권자이다. 세계에서 의료 여건이 최악임에도 모든 국민에게 의료 서비스를 무상으로 베푸는 것은 아마도 체 게바라의 영향이 아닐까 싶다.

쿠바를 떠난 그는 아프리카 콩고 혁명군에 동참하였으나 남미와 다른 아프리카에서 혁명에 실패를 하고 다시 남미로 돌아와 볼리비아 혁명에 가담하였다. 그는 볼리비아의 반독재 혁명군에 참가하였으나 민중의 지지를 얻지 못했다. 민중은 외국인인 체 게바라 보다 볼리비아인 혁명 대장을 지지하였다. 드디어 그는 볼리비아 독재정권의 정부군에 체포되었다. 부상을 입고 포로로 체포된 그는 39세의 삶을 볼리비아 하사관의 손에 의하여 사살되어 마감하게 된다.

피기침을 토하면서 헝클어진 머리를 하고 있는 그에게 그 오지 마을의 하녀로 일하던 이르마는 두려움을 물리치고 교실 구석에 묶여 있던 체 게바라에게 땅콩죽을 만들어 주었다. 이 세상의 마지막 식사를 하며 그는 이 여인에게 쿨럭이는 기침 사이 사이로 최후의 인사를 하였다.

"그라시아스 니냐, 고맙다 소녀야."

그 여인의 나이는 60세였으나 마음의 온정은 세상의 티가 없는 소녀로 체 게바라는 받아 드린 것 같다.

체 게바라는 다음과 같은 말도 남겼다.

"모든 아버지들은 장차 자식이 더 나은 세상에서 살 수 있도록 만들고픈 의지를 지녀야 한다."

더 나은 세상을 만들기 위하여 젊음을 불태운, 체 게바라를 바라보며 120세를 살기 위하여 온갖 것을 찾아 자신만을 채우는 요즈음 세상을 부끄럽게 드려다 본다. (2014. 8.)

호모사피엔스 - 20120601

따가운 햇볕이 내리쬐는 오후, 인사동에는 오늘도 많은 외국인들이 호기심에 찬 눈으로 이곳저곳을 두리번거리며 기웃거리고 있다. 나도 그들 틈에 끼여 있다가 인사아트센터 1층으로 발을 옮겼다. 그곳에는 조형물에서 발산되는 찬란한 빛이 눈을 현혹했다. 둥근 지구본 위에 서 있는 사람의 모형에서 발산되는 현란한 빛의 색채가 수시로 변하고 있다. 그 조형물에 대고 관람객들이 소리를 내면 그 음성의 크기에 따라 다양한 빛을 발산한다. 박수를 치거나 소리를 질러 보라고 작가 이갑열씨가 말한다. 그의 말에 따라 조형물 가까이 가서 소리를 내어 보았다. 빛은 소리를 받아

다양한 색상으로 변하고 있다.

이것은 인간이 항상 적응과 반응을 반복하며 서로의 관계형성을 가지고 진화해 왔음을 표현한 것이라고 작가는 설명하였다.

그는 인간의 찬란한 진화과정을 표현하기 위하여 LED조명과 광섬유를 활용하였다. 작품은 나약하고 일회용으로 살 수 밖에 없는 인간을 표현하기 위하여 일회용 플라스틱 숟가락 약 10만개를 사용하였다. 일회용 플라스틱 숟가락은 생명체로서 삶을 영위하기 위하여 음식을 먹어야하는 생존의 의미를 표현하고자 사용하였고, 또한 한시적인 삶의 일회성을 표현하였다 한다.

우리 인간들은 태초부터 지금까지 혹독한 자연과의 싸움, 인간끼리의 전쟁, 파괴, 대학살- 개인의 삶 속에서도 미움, 질투, 용서, 화합, 사랑을 반복하며 지구에 존재할 수 있도록 진화해 왔다. 인간들은 그렇게 살고 사라지고 있으나 그들의 삶을 총체적으로 보면 너무도 위대하고 찬란하다는 것이다.

인류학자들은 현생 인류의 조상을 호모사피엔스라 한다. 작가는 2012년 6월 첫 번째 제작 완성된 작품에 20120601이라는 번호를 부여하였고, 창조주가 인간을 창조한 날부터 오늘까지의 긴 시간을 이천십이만 육백일 년으로 보아서 '호모사피엔스 -찬란한 진화 BC20120601'라는 긴 제목의 작품이 탄생되었다. 나는 이를 줄여서 「호모사피엔스-20120601」로 수필제목을 썼다.

작품에 일회용 플라스틱을 써서 인간의 일회성 삶을 표현한 것과 그 일회성 삶이 시간의 연속성을 가지고 일회용으로 끝난 것이 아닌 연속의 총체적인 발전을 하여 그 위대함과 찬란함을 보여 준 작가의 창의성을 칭찬하고 싶다. 또한 작품에 LED조명과 광섬유를 활용하여 시각적인 찬란함을 보여준 것도 돋보인다. 현재 국립 경상대학교 사범대학 미술교육과 교수인 작가 이갑열 씨의 더욱 왕성한 작품 활동을 기대하며 전시관의 화려한 빛을 등지고 빠져 나왔으나, 밖에서 기다렸다는 듯이 눈부신 햇살이 나를 포옹한다.

(2012. 6.)

인파의 바다

연일 찜통더위가 기승을 부리고 있다.

여름다운 여름을 금년에는 혹독하게 치루고 있다. 연일 섭씨 33도를 넘으니 땅에서 올라오는 열기와 하늘에서 내려쬐는 햇볕은 사람들을 소금에 절인 배추인양 늘어지게 하고 있다.

여수 세계박람회는 5월 12일 개막되어 8월 12일까지 열릴 예정이다. TV를 통하여 보여준 바다 위에서 펼쳐진 아름다운 개막식을 보면서 꼭 가서 보겠다는 다짐을 하였다.

7월 30일과 31일 양일간 엑스포를 관람하기로 하고 KTX를 타고 서울을 빠져 나갔다. 기차 안이 시원하기도 하고 엑스포를 볼 꿈도 부풀어 있어 콧노래를 부르며 막내딸과 외손자, 외손녀와 함께 즐거운 시간을 보내며 여수에 도착하였다. 먼저 숙소로 가서 짐을 내려놓고 오후 1시경부터 관람을 시작하였다. 주제관을 먼저 보려고 하였으나 사람들의 줄이 끝이 보이지 않아 포기하고 한국관에 먼저 들어갔다. 거기 들어가는데도 1시간을 기다린 듯하다. 다음으로 외손자가 기후환경관은 꼭 봐야한다고 하여서 길게 늘어선 줄에 잇대어 줄을 섰다. 꼬박 2시간 30분을 땡볕에 서서 기다렸다.

지구 온난화로 인한 인류가 당면한 문제를 잘 표현하였다. 반구형의 조형물 안에서 영상물이 상영된 후 그곳을 빠져 나가면서 눈이 내리는 남극체험은 몸속에 열을 잠시나마 식혀주었다.

남극을 체험하면서 남극해를 연구 발표한 장 밥티스트 살리가 생각났다. 그는 남극해에서 발생하고 있는 심해의 거대한 소용돌이가 지구온난화의 주범이 되는 이산화탄소를 흡수하여 억제하는 역할을 하는 것으로 발표하였다.

그러나 그는 이 소용돌이 자체는 희소식처럼 들리지만 문제는 이러한 소용돌이에 미치는 온난화의 영향이 이를 멈추게 할지, 강화할지는 전혀 알 수 없다고 했다.

다음으로 국제관을 둘러보았다. 사람들의 줄이 없는 곳만 찾아

다니며 서너 군데 보고나니 저녁시간이 되었다. 시간이 지날수록 몰려드는 인파는 관람장을 뒤덮고 땅 보기가 점점 어려워졌다. 밤에는 Big-O 멀티미디어 쇼를 보기로 했다. 쇼가 열리는 장소에 한 시간 전에 도착하였으나 중앙에는 벌써 많은 사람들이 몰려 있었다.

우리는 변두리에 자리를 깔고 넷이 앉았다. 손녀딸은 피곤한지 길게 몸을 자리에 눕혔다. 손자는 잘 보이는 곳으로 이동하자고 떼를 쓰며 서있다. 나는 간신히 달래서 자리에 앉혔다. 나올 때 압사 사고라도 나면 어떻게 하느냐고 겁을 주었다.

손자에게 겁만 준 것이 아니라 그런 불상사가 일어날 수 있는 인파였다. 환상적이며 찬란한 빛의 멀티미디어 쇼가 시작되었을 때, 박람장은 모여든 인파의 머리만 보였다. 우리나라의 전 인구가 이곳에 모인 것처럼 보인다. 뒤에 들은 소문이지만 여수시에서 여수시민에게 58만장의 무료티켓을 배포하였다고 한다. 관람 날짜가 30, 31일이라고 한다. 오는 날이 장날이라더니!

31일에는 주제관을 보는 것으로 만족하기로 했다. 아침 8시에 숙소를 떠났으나 엑스포장 입구에서 20여 분 기다린 듯하다. 곧바로 주제관으로 향하였으나 막내딸과 손녀딸은 기업체에서 설치한 삼성관이나 대우관을 보겠다기에 외손자와 나만 줄을 서서 기다렸다가 주제관에 입성했다.

바다에 사는 바다소과에 속하는 '듀공'을 주제로 바다와 사람을 잘 표현하였다. 영상물 앞에 앉아 있는 어린아이를 가리키며'듀공'은 너의 이름이 뭐냐고 묻자 그 아이는 대답을 했고, 영상 바닷속에 있는 '듀공'은 아이의 이름을 말하며 잘 왔다며 지느러미로 박수를 치는 시늉을 하여서 관객을 웃겼다.

여수 엑스포의 주제가 '살아 있는 바다, 숨 쉬는 연안'이다.

기후의 변화에 따른 해양과 사람의 삼각관계를 잘 표현하였다. 1991년 개발도상국의 환경보호정책을 지원하기 위한 국제기구, 지구환경기금(Global Environment Facility)이 창설되었다.

이는 기후변화, 생물다양성 파괴, 수질악화, 오존층 파괴 등의 문제 해결을 위한 국제협력을 강화하여 개발도상국에 재정지원을 하는 것이 주업무이다.

개발도상국의 환경보호정책을 지원하는 일은 우리 인류를 재앙에서 건지는 한 방책이다.

여수 엑스포에서 인파의 바다를 이룬 모든 사람들이 지구의 중병 치료에 온 정성을 다 쏟아야 되겠다. 환경오염을 생각하는 행사장에서 일회용 용기에 식물을 담아 파는 것도 이번 주제에 어울리지 않는 것이다. 국제관에 있는 덴마크에서는 일회용을 줄이

기 위하여 물을 담을 수 있는 유리병을 진열하여 놓고 팔았다. 설명을 하는 아가씨는 이 유리병은 계속, 계속 쓸 수 있다고 강조하였다. 우리가 할 수 있는 것부터 실천하여야 되지 않을까 하는 생각을 하면서, 박람회가 끝나면 썩지 않는 쓰레기가 얼마나 많이 쌓일지 상상이 가지 않는다.

남극해가 이산화탄소를 계속 흡수하여 주기를 바라는 마음 간절하며, 또한 여수 엑스포의 주제답게 '살아 있는 바다, 숨 쉬는 연안' 여수가 되기를 기원해 본다.

* 장밥티스트 살리 : 호주 연방과학원과 영국 남극 자연환경연구소 공동 연구진을 이끈 대표 인물.

(한국문협『계절문학』' 가을호. 2012.)

5

30년 봉사를 마치고

나의 사랑하시는 주님!
30년간 저를 붙드시고 날마다 시간마다
눈동자와 같이 지키시며 봉사하게 하신 것 감사합니다.
특히 힘없고 약한 이주노동자와
다문화 가정의 문제를 도울 수 있도록 하신 것에 감사합니다.
지금까지 영혼의 건강과 함께
육체의 건강도 지켜 주셨음을 감사드립니다.

하나님이 원하시는 예배

미국의 리노영락교회에 취임하는 김우권 목사를 축하 하며 힘을 실어 드리기 위하여 그가 부목사로 재직하였던 서울 장석교회 담임목사를 비롯한 20여 명의 성도들이 미국으로 달려갔다.

우리 모두는 2014년 11월부터 2015년 2월 26일 미국 샌프란시스코에 도착할 때까지 기도로 준비하며 설레는 마음이었다. 우리의 스케줄에는 2월 28일 리노영락교회의 담임 목사로 취임하는 김우권 목사를 축하하며 주일에는 2015년 3월 1일로 삼일절예배를 그곳에서 드린 후 장석 담임 함택 목사의 일일 부흥회도 리노영락교회에서 개최하기로 되었다.

미국 리노 영락교회에서

리노영락교회의 담임 목사 취임 감사예배가 오후 4시에 있으므로 우리는 그전에 리노에 있는 레이크 타호를 관광하여 수정과 같은 그 맑은 물을 보려고 하였다. 호텔에서 일어나 커튼을 열자 함박눈이 펑펑 쏟아지고 있다. 한국에서 이처럼 소담스런 함박눈을 본 일이 없는 것 같다.

탄성을 터트리며 동심으로 돌아가 좋아하였으나 금방 걱정이 가슴으로 밀려 왔다. 타호 호수를 볼 수 있을까 하는 염려가 앞섰다.

나는 미국에 살고 있는 동생의 큰딸 결혼식에 참석했다가 타호 호수를 12년 전에 가 보았다. 그곳 호텔에서 하룻밤을 묵으며 지금은 돌아가신 친정어머니와 두 여동생과 함께 이틀 동안 타호 호수를 맘껏 즐기며 호숫가를 거닐었다. 교회 성도님들과 다시 그때의 아름다운 추억을 가지려고 했다.

아침 식사를 마치고 리노의 Circus Circus호텔을 나온 것은 9시 30분이였다. 눈은 계속 쏟아지고 있다. 리노의 모든 거리와 건물들이 하얗게 눈으로 덮여가고 있었다. 다행이 우리를 태울 관광버스와 미국인 운전기사는 호텔 앞에 대기하고 있었다. 호텔에서 나온 성도들과 목사 부부도 버스에 올라탔다. 현지인 가이드가 인원 파악 후 기사에게 출발 사인을 보냈다.

버스는 눈발을 가르며 조심스럽게 굴러갔다. 가이드는 계속 스마트폰을 들여다보며 일기예보와 타호 호수를 갈 수 있는지를 체크하는 모양이다.

30여 분도 가기 전에 타호 호수는 closed(닫혔음)되었다는 소식을 가이드는 우리에게 알려 주었다. 큰 기대를 갖고 출발한 모든 성도님들이 실망하는 눈치였다. 기사는 미안하다며 어쩔 수 없는 사정이라고 해명했다.

타호 호수대신 근처에 있는 공원에서 설경을 마음껏 즐기자고 하였다. 큰길에서 6, 7분 거리에 있는 공원으로 들어가자 삼림이 우거진 아름다운 설경이 펼쳐졌다.

아직도 펑펑 쏟아지는 눈을 맞으며 동물의 발자국 하나 없는 설원을 목사와 성도들은 달리기도 하고 뒤로 벌렁 누워 자신의 뒷모습을 눈 위에 그려 놓기도 한다. 타호 호수의 수정 같은 물 대신 하얀 눈을 맞으며 동심으로 돌아간 성도들은 눈 속에서 공원 풍경을 배경으로 사진을 찍으며 주어진 환경을 즐겼다.

오후 리노영락교회의 취임 감사예배에 참석하기 위하여 호텔에 돌아와서 옷을 갈아입고 교회로 향하는 모든 분들은 얼굴에 미소를 띠우며 나왔다.

예배는 취임 감사예배와 담임목사 취임식으로 나누어졌다.

담임목사 취임식 후에는 안수집사 및 권사 취임식 예배도 이어졌다. 취임감사예배에는 KPCA(서북노회장) B목사의 사회로 시작하여 세크라멘토 한인장로교회 B목사의 기도와 사무엘상 17:31~40절 말씀을 '하나님 중심의 사역자'란 제목으로 장석교회 함택 목사의 설교가 있었다.

담임목사 취임예배는 취임기도와 권면, 노회장 공포, 목사 취임 패 증정, 축사, 화환 증정으로 끝을 맺었다.

이번 여행을 통하여 하나님의 마음을 읽을 수 있었다.

요한복음(4:23) "아버지께 참으로 예배하는 자들은 신령과 진정으로 예배할 때가 오나니 곧 이때라."

요한복음(4:24) "하나님은 영이시니 예배하는 자가 신령과 진정으로 예배할지니라."

예배에 대하여 요한복음을 통하여 그렇게 말씀하셨건만 우리의 마음은 다른 곳에 쏠려 있었다. 관광 후 예배에 참석하려 하였는데 하나님은 이를 막으시고 온전히 신령과 진정으로 예배에 열중하기를 원하셨다.

우리의 어리석음을 다시 확인하며 이스라엘 백성에게 행하셨던 하나님의 훈련이 상기되었다. (2015. 2.)

새들백에서 부활절 예배

캘리포니아 날씨답게 따가운 햇살이 눈부시게 쏟아지는 아침이다. 유학중인 손자는 주일 예배를 위하여 홈스테이 하는 집에서 일찍 떠나 동생 집에 왔다. 동생 부부는 아직 2층에서 치장중인 모양이다.

나는 손자와 이런저런 학교생활에 관한 이야기를 나누며 리빙룸에서 그들을 기다렸다. 손자는 주일마다 동생이 데리고 새들백 교회에서 예배를 드리게 하고 있다. 오늘은 부활절 특별 예배가 있어서 성도들이 더욱 많이 모일 것이라며 동생은 2층 침실에서 내려오자마자 나가자고 했다.

예배는 11시에 시작이지만 우리는 10시 20분에 도착하였다. 넓은 주차장에는 벌써 차들이 빼곡히 들어찼다. 손자와 함께 나를 내려놓고 동생 남편은 주차를 위하여 다른 장소로 이동하였다. 우리는 본당에 자리를 잡기 위하여 부지런히 걸어서 본당에 도착하였다. 동생 부부가 늘 앉는 자리에는 이미 다른 사람들이 차지하고 있어서 우리는 그 앞줄에 앉았다.

오늘은 온가족이 함께 부활절 예배를 드린다고 한다. 어린아이들부터 청년에 이르는 자녀들을 데리고 온 부모들과 부활절 예배를 위하여 특별히 찾아온 사람들까지 본당은 빈틈없이 채워졌다. 동생 남편은 50분이 다 되어서야 들어왔다. 새들백 교회는 본당뿐만 아니라 교회 마당에 여기저기 천막을 쳐서 본당의 예배를 중계하고 있다.

대형 스크린에는 DARING FAITH(과감한 신앙)이라는 큰 글씨가 새겨져 있고 그 앞에서 찬양단이 찬양을 기쁨으로 시작하였다. 예배가 시작됨을 알리는 싸인 이었다. 찬양단을 따라 성도들도 함께 일어서서 환희의 부활절을 찬양하였다. 주위에 있는 성도들과 'Happy Easter'라는 말을 나누고서야 우리는 자리에 앉았다.

담임 Rick Warren 목사님이 청바지에 남방을 입고 나와

'Happy Easter'(행복한 부활절)라고 말한 후, 오늘의 설교를 네 개의 문제로 다룬 답을 알려 주기 시작하였다.

Daring Faith(과감한 신앙)은 기적의 열쇠라고 했다.

또한 예수를 믿는 것은 네 가지의 특혜가 있다며 다음의 빈칸에 말씀을 넣어 주었다.

1. Everything I've ever done wrong is forgiven.

(내가 지금까지 잘못한 모든 것은 용서된다)

2. I learn God's purpose for my life.

(나는 나의 삶 속에 하나님의 목적이 있음을 배운다)

3. I get God's strength for daily living.

(나는 매일의 삶에서 하나님의 능력을 얻습니다.)

4. I'm guaranteed eternal life.

(나의 영생은 보장되었습니다.)

밑줄 친 부분이 Rick Warren 목사가 답하여 준 말씀이다.

마지막 영생을 말할 때에는 27세된 그의 아들이 죽었을 때의 슬픔이 깊었지만 Eternal Life(영생)를 보장하여 주신다고 하신 말씀에 큰 위로를 받아 다시 사역에 열중할 수 있었다고 고백하였다.

Lake Forest에 위치하고 있는 새들백 교회는 2015년 3월21일 애너하임에 있는 ANGEL STADIUM에서 창립 35주년을 기념하는 예배를 드렸다.

예배가 끝난 후 본당을 나오니 부활절 기념사진을 찍으려는 사람들이 줄을 지어 기다리고 있었다. 여러 가지 색채를 넣어서 특별히 세워둔 큰 판 안에서 사람들은 찍었다. 다른 곳에는 백합꽃을 크게 세워 두었다. 손자와 동생과 나는 색채가 아름다운 큰 판을 택하여 사진을 찍었다.

예수님 부활을 형상화 하여 놓은 무덤이 있어서 손자와 나는 경험하여 보기로 하고 굴 문을 열고 들어갔다. 그곳에는 예수님이 부활하여 안 계시고 세마포만 하얗게 덮여 있었다.

2015년 4월 5일 부활절을 Saddle Back Church에서 손자와 함께 예배를 드린 것은 큰 의미가 있었다. 교회에서 나오는 모든 사람들의 얼굴에는 미소와 기쁨이 흘렀다.

오후의 따가운 햇살을 받으며 호숫가에 있는 동생 집으로 향했다.

(2015. 4. 5.)

눈물의 예배

2월의 마지막 주일이건만 동장군의 몸부림으로 기온은 영하권에 머물고 있다. 필리핀 성도들은 두툼한 겉옷을 입고도 얼굴과 목을 목도리로 둘둘 휘감고 리빙스톤 필리핀 교회로 한 사람 한 사람씩 모여들고 있다.

윌리 장로는 이른 아침에 교회에 도착하였다. 그에게 오늘 예배는 한국에서 마지막 참석하는 예배가 된다. 필리핀 교회에서 예배를 보기 전에 나는 그를 외국인부 경건회에 참석토록 했다.

기타 반주에 맞춰 찬송으로 우리의 경건회는 시작되었고 이어서 기도로 이어갔다. 윌리 장로는 나의 옆에 앉아 묵묵히 눈을 감고 있다.

최 집사의 기도가 끝난 후 윌리 장로가 오늘 아침 여기에 참석하게 된 이유를 밝혔다. 2월 28일 영구 귀국하게 되는 그가 마지막 인사를 하기 위하여 왔다고 알리였다. 부원들은 깜짝 놀라며 무슨 일이 그에게 일어났느냐고 묻는다. 그에게서 들은 사유를 알렸다.

그가 오랫동안 일하여 온 섬유공장에 일이 없어서 몇 주를 놀았는데 더 이상 머무를 수가 없다는 것이다. 사장은 더 있어 보라고 권유를 하지만 양심상 일하지 않고 밥만 먹고 빈둥댈 수 없다고 한다.

"윌리 장로님! 작별 인사를 말씀하여 주세요." 하고 그에게 부탁했다. 자리에서 일어선 그는 말도 하기 전에 눈시울이 붉어졌고 감정을 추스르고자 천장을 바라보며 눈물을 삼켰다.

"Thank you very much for you and your church. I have been happy with you in Korea. I will never forget Jangseok church and Living Stone Filipino Community Church through my life.

I love you. I have many words to tell you, but now I can't. Because my tears come and flow. Sorry for it. May God Bless You. Good-bye."

(여러분과 여러분의 교회에 감사합니다. 한국에 있는 동안 여러분과 함께 있어 행복하였습니다. 나의 생애를 통하여 장석교회와 리빙스톤 교회를 잊지 않을 것입니다. 여러분을 사랑합니다. 많은 말을 하고 싶으나 지금은 말을 할 수가 없습니다. 눈물이 흘러서. 미안합니다. 하나님의 축복이 여러분들과 함께 하시기를 바랍니다. 안녕히 계십시오.)

그의 뺨에는 두 줄기의 눈물이 흐르고 있다. 흐르는 눈물을 소매부리로 닦아내고 있다.

외국인부 부원들이 작별 인사를 카드에 깨알처럼 미리 적어 넣었다. 이별금을 조금 준비한 봉투와 함께 카드를 그에게 건네주며 나는 그를 힘껏 끌어안았다. 뒤이어 모든 부원들이 한사람 한사람씩 그를 포옹하며 작별 인사를 했다. 윌리 장로도 부원들도 눈물범벅이 되었다. 작별 인사를 마친 그는 먼저 자리를 뜬다며 맞은편에 자리한 필리핀 교회 리빙스톤으로 쏜살같이 들어갔다.

리빙스톤 교회에서 윌리 장로는 마지막으로 예배를 인도하고 기도를 하였다. 그가 기도를 하는 동안 여기저기서 흐느끼는 소리가 들렸다. 그동안 그는 많은 헌신과 사랑을 성도들에게 주었다. 그는 한 번도 예배에 불참한 일이 없을 뿐만 아니라 참 크리스천답게 성도들의 궂은일을 돌보아 왔다.

그는 오늘도 네 명의 친구를 새신자로 등록시켰다. 자신의 빈자리에 네 명이 앉으니 자기는 생각지 말라며 잠시 미소를 지었다.

그레이스 방이산 목사의 설교가 끝난 후 찬양을 하며 서로 인사를 나누는 시간에 필리핀 성도들과 윌리 장로는 포옹하며 서로의 아픔을 토하듯 눈물로 말을 대신하였다.

다음으로 윌리 장로에게 감사장이 주어졌다. 그동안 그의 노고에 대한 감사장이었다. 모든 성도들은 일어서서 박수로 그에게 감사를 표하였다.

예배 후 준비된 점심도 오늘은 풍성하다. 준비한 그룹에서 정성껏 많은 음식을 가져왔다. 리빙스톤이 4년 전에 창립되기까지 많은 수고를 하신 한 선교사님도 오늘 예배에 참석하여 자리를 빛내 주었다. 윌리는 성도들의 투표로 피택된 세 명의 장로 중 한 사람이었다.

귀국 후 그의 삶 속에 하나님의 축복이 함께 하시여 기쁜 소식이 오가기를 기도한다. (2012. 2.)

존 로스와 동관교회

먹구름이 내려 앉아 비를 뿌리고 있다. 차들은 클랙슨을 울려 대며 서로 비키라며 빗물을 튕기고 있다.

심양에도 재개발 바람이 일고 있어 새로 지은 높은 빌딩이 있는가 하면, 입주자들을 다 내어 보내고 캄캄한 어둠에 깨진 창문이 덜렁거리는 아파트가 흉물스럽게 서 있는 곳도 있었다.

6월 29일 아침 9시 우산을 받쳐 들고 동관교회로 향했다. 송출국 방문단 일행 10명이 동관교회에 도착하였을 때는 찬양이 울려 퍼지고 있었다. 교회 안에는 수백 명이 모였다. 앞에서 찬양을 인도하는 다섯 명의 리더가 마이크를 잡고 강대상 앞에서 온몸으로 찬송하였다.

그들을 방해하지 않기 위하여 우리는 조용히 뒷문을 열고 홀 안으로 들어갔다. 40여 분을 기다려도 찬양은 끝나지 않아 예배를 보지 못하고 우리는 발걸음을 응접실로 옮겼다. 그곳에는 아침임에도 불구하고 과일이 놓여 있었다. 수박, 체리, 자두, 멜론 등 접대하시는 두 집사님이 커피와 녹차를 주문 받아 서빙을 하였다. 간단히 그들에게 감사를 표시하고 우리는 존 로스의 사진이 걸려있는 방으로 들어갔다. 색이 변한 그의 사진이 이 교회의 역사를 알려 주고 있다. 존 로스는 스코틀랜드 선교사로 1872년 9월 중국 산둥성을 거쳐서 요령성 반도 하구에 짐을 풀었다. 한족을 위한 동관교회는 1876년 창립하여 금년에 136주년을 맞이하고 있다.

현재 3만 명의 성도가 있으며 주일에는 4부 예배를 드리고 있다. 또한 평일에도 월요일부터 금요일까지 아침 9시부터 집회가 열리고 있었다.

존 로스 선교사의 부인은 1873년 3월 31일 중국에서 혹한에 산후 후유증으로 사망하였다. 그는 중국 땅에 복음을 전파한 선교사뿐만 아니라 중국, 만주 땅에 살고 있는 조선인을 위하여 성경을 한글로 번역한 최초의 선교사이기도 하다. 1882년 심양에서 신약 중에 누가복음, 요한복음을 번역하여 간행하였고, 1884년 마가복음, 마태복음을, 1885년 로마서, 고린도전서, 고린도후서, 갈라디아서, 에베소서를 번역하였다. 1887년 신약전서 전체를 간행하여 '예수 성경전서'라는 이름을 붙였다. 이를 가리켜 '로스번역'이라고 한다.

존 로스는 평양에서 순교한 토마스 선교사가 뿌린 씨앗을 열매 맺게 한 조선족에게도 지대한 영향을 끼친 선교사이다. 그의 한국 이름은 '라요한'이다.

중국의 동관교회가 오늘에 이르게 된 것은 부인을 잃으면서까지 귀국을 하지 않고 오로지 복음 전파에 그의 전 생애를 바친 헌신 때문이다. 더불어 그에게 감사한 것은 한국어로 성경을 번역하여 최초로 조선인에게 복음을 알렸다.

존 로스의 이름이 중국과 한국의 크리스천들에게 영원히 기억되어 복음 전파에 더욱 힘쓰기를 바라는 바이다.

동관교회를 나와 큰길로 들어섰으나 비는 여전히 내리고 있었다. 이번 비로 인하여 심양의 더러운 찌꺼기들이 사라지고 오로지 성령의 청결함과 불길만이 심양을 지배하기를 기도한다.

(2012. 6.)

닥터 라이스의 크리스마스카드

찬바람이 정원을 휩쓸어 낙엽을 한 모퉁이로 몰아가고 있다. 거실 앞에 서 있는 감나무에 대여섯 개의 감을 남겨 놓았다. 바람이 세차게 불어오니 가지에 매달린 감들이 달랑달랑 거리며 곧 땅으로 떨어질 것만 같다.

11월 마지막 주를 향하여 달음질하고 있는 23일 금요일에 닥터 라이스의 크리스마스카드는 나의 손에 쥐어졌다. 매년 그녀의 크리스마스카드가 첫 번째로 도착한다. 금년에도 변함없었다.

어느 해인가 그녀의 크리스마스카드가 11월에 도착이 안 되어 나는 연로하신 그녀가 돌아가셨으리라 생각하고 해외 지인들에게 보냈던 크리스마스카드를 그녀에게는 안 보냈다. 그런데 12월 중순경 느닷없이 그녀의 카드가 도착되었다. 그녀에게 죄를 지은 것 같아 송구스러웠다. 그때에 그녀는 인도에서 카드를 발송한 것이라고 했다. 나는 시간이 없어서 그녀의 이메일로 연말 인사를 드렸다. 그리고 죄송한 마음을 전하였다. 12월에 도착한 그녀의 크리스마스카드는 그것이 처음이자 마지막이었다.

그녀는 내가 연세의료원에 근무하였을 때에 외과 교수로 의대에 근무를 했었다. 미국 감리교 선교사로 연대 의대에 파송되었기 때문에 연대에서는 한 푼도 돈을 받지 않았다. 나는 그분 때문에 연세의료원과 인연을 맺게 되었다.

어느 날 느닷없이 점심을 연대 영빈관에서 하자고 하였다. 나는 아무 생각 없이 그녀를 만났다. 그 자리에서 그녀는 나에게 연세의료원 근무를 종용하였다.

나의 전공은 영문학인데 무슨 소리냐고 하였더니, 그래서 된다는 것이다. 글쎄 생각하여 보겠다고 하였으나 그녀는 나를 의료원장이신 연대부총장 K 박사에게 소개하였다. 그 다음날부터 나는 의료원에 근무하면서 의학용어(Medical Terminology)를 2년간 배우면서 병원 의료기 도입과 수술실 운영에 관여하였다. 1981년 그녀는 은퇴하여 귀국하였고 지금은 은퇴하신 선교사들이 살고 있는 노스캐롤라이나에 계신다.

그녀는 2011년에 크리스마스 인사를 준비한 것이 엊그제 같은데 벌써 일 년이 지난다고 서두를 썼다. 또한 2013년을 위하여 나에게 가장 좋은 축복을 보낼 수 있어서 감사하다고 하였다. 금년에 그녀에게 가장 큰 축복은 그의 가족 중에서 2살 된 에티오피아 어린이를 입양하게 된 것이라고 하였다.

금년 5월 그녀의 95번째 생신을 맞이하였을 때에 그 아이를 입양해서 그녀의 가정에 19번째 식구가 되었다고 한다. 그녀는 미혼으로 평생 선교사의 길을 걸었으나 조카들의 가족을 늘 자신의 가정이라고 하였다. 입양된 아이도 조카가 입양한 것이다. 또 다른 축복은 앞으로 노벨상을 받을지도 모를 미국 최대급 병원 마요 클리닉(Mayo Clinic) 지지자들의 모임에 초대되었다고 한다. 신경외과 의사와 컴퓨터 엔지니어가 함께 연구하여 뇌경색, 우울증과 알코올중독 등을 치료하는 기능의 연구가 이미 시작되었다고 한다.

12월에는 컴퓨터 사이언스를 전공한 조카의 졸업식에 참석하려고 하며, 그는 Dr. Rice가 발간하려고 하는 책 『보건소 의사들의 가이드』를 도와 줄 것이라고 한다. 그러면서 2011년 폐렴과 심장병으로 죽을 뻔했는데 이제 보니 자신은 완전히 살아났다고 고백하였다.

크리스마스카드 말미에는 "즐거운 크리스가스를 보내고 복된 새해를 당신과 당신의 자녀들이 함께 맞이할 수 있기를 기도하며, 당신의 크리스천 활동이 계속되기를 기도한다." 고 했다.

95세에 책을 발간하며 미래에 대한 꿈을 가지고 살아가는 닥터 라이스에게 2013년은 그녀의 큰 꿈이 이루어지는 한해가 되기를 기원한다. 또한 2013년 11월에도 그녀의 크리스마스카드 받기를 기도한다. (2012. 12.)

작가의 삶과 신앙

Mission Island Arts Festival(기독교 문화축제)을 개최하신 장기웅 교수님의 부탁으로 이 자리에 선 시인이며 수필가인 김형애입니다.

'작가의 삶과 신앙'에 대하여 말씀드리겠습니다. 제가 말씀드리고자 하는 것은 하나님께서 저의 삶에 간섭하신 손길의 흔적을 더듬어 보는 것입니다.

저의 삶을 말하려면, 학창시절을 말하지 않을 수 없습니다.

1960년대에 나는 대학생활을 했습니다. 사범대학에서 영어영문학을 전공하였습니다. 영어회화는 3학년에 가서 일주일에 두 시

간을 배웠습니다. 미국인 강사가 가르쳤는데 빨리 돌아가는 미국이 싫어서 한국에 왔다는 느린 사람이었습니다. 그는 한국에서 거문고를 배우며 세태에 빨리 따라가지 않는 우리나라 문화를 즐기고 있었습니다. 헌데 자신의 강의 시간도 2, 30분 늦는 것은 보통이였습니다. 할 수 없이 저는 영어회화를 배우기 위하여 주일에는 미8군 교회를 갔고, 매주 토요일에는 USIS(미국공보원)학생클럽에서 영어회화 훈련을 하였습니다. 우리 클럽의 고문으로는 미국 대사관 사무관과 유네스코 위원, 유솜 위원들이였습니다. 고문은 대부분 미국인이었으나 유일한 한국인으로 유재건 선생님이 계셨습니다. 후에 그분은 미국으로 유학을 떠나 국제변호사로 일하시면서 인권운동가로 봉사하였습니다. 걸프전이 일어났을 때에 LA와 서울을 오가면서 해설을 하시다가 영구 귀국하시여 지금은 한국에서 살고 계십니다. 학창시절 영어회화를 배우기 위해 친해진 유일한 한국인입니다. 미8군 교회에서는 선교사들을 만나기 쉬웠고, 그들과도 친하게 지냈습니다. 대학 4학년 때에는 한남동에 있는 루터란 서비스 센터의 교회를 나가 세계에서 한국에 파송된 선교사님들과 친분을 가지게 되었습니다. 이후부터 나의 삶 속에는 늘 외국인들이 함께 하였습니다. 덕분에 4학년 때에는 학교 추천으로 박정희 대통령 동남아 순방기의 영문 교정을 코리아 헤럴드 편집장과 함께 하였습니다.

대학에서 저는 시와 소설을 쓰기 시작하였습니다. 시는 박목월 선생님한테, 소설은 안수길 선생님한테 감수를 받기도 하였습니다. 개교기념일에 열리는 시화전과 낭송에는 한 번도 빠지지 않고 참가하였습니다.

학교를 졸업 한 후 5년간 서울에서 영어교사로 학생들을 가르친 일도 있었으나 그 후 미국 감리교 선교사인 Dr. Rice의 권유로 연세대학교 연세의료원 행정실장으로 17년간 일하게 되었습니다. 의료원에서 수술실 확장하는 일, 각과의 수술 스케줄

박민정 목사, 안명숙 권사, 김영자 권사 김용제 집사와 함께

arrange하는 것과 외과 과장들이 주문하는 의료기 도입을 해외에 발주하는 일을 도맡아 했습니다. 여기서 오파상과의 결탁이 있는 외과 과장들과의 충돌도 있었으나 저와 병원장, 의료원장 셋이서 모든 것을 결정하였지요. 이는 의료원에 큰 재정적 도움을 주었습니다.

이런 공로로 저는 1985년 한국대표로 WHO(국제보건기구)국제회의에 참석하게 되었습니다. 연세대학교 연세의료원 원장이며 연세대학교 부총장의 추천을 받았음에도 보사부(당시, 과천에 청사가 있었음)에서는 사립학교이니 영어 시험이 필요하다고 하여 4시간에 걸친 시험을 보고 통과되어 회의에 참석하게 되었습니다. 이것도 하나님의 은혜였습니다. 대부분 각 나라에서 파송된 분들이 의사였으나 저는 행정실장으로 참석하게 되었으니 말입니다.

의료원을 퇴직할 무렵 제가 나가는 교회에는 많은 이주노동자들이 한국에 오기 시작하였습니다. 1986년에 장위동에 위치한 장석교회에는 40~50명 정도의 필리핀 노동자들이 예배에 참석하였습니다.

어느 날 담임목사님께서 자신의 설교를 영어로 동시통역하여 줄 것을 부탁하였습니다. 신학교를 다니지도 않은 제가 할 수 있을까 하는 의구심도 있었으나 우선 순종하는 뜻에서 하겠다고 하였습니다. 알아듣지도 못하고 예배에 왔다가 돌아가는 필리핀 노동자들이 불쌍해 보였습니다. 교회는 따로 모일 장소도 없고 하여서 예배 후 자주 저의 집에 모여서 그들은 친교를 하곤 하였습니다. 추수감사절과 성탄절에는 조촐한 파티도 저의 집에서 하였습니다. 그들은 저의 집에 오는 것을 즐거워하였습니다.

그 후 1994년 우리 교회는 월계동에 새 성전으로 이사하였습니다. 그때는 이란, 스리랑카, 인도네시아, 몽골, 중국, 우즈베키스탄. 베트남, 캄보디아, 네팔 등 여러 나라에서 이주노동자들이 쓰나미처럼 한국으로 몰려왔습니다. 저는 그들을 위하여 성경공

MR. Raouf 씨와 함께

부를 가르쳤고 학습, 세례를 받게 하였습니다. 그중에 가장 기억에 남는 5명의 이란 청년들이 있었습니다. 여러분들이 아는바와 같이 이란은 무슬림국가입니다. 그들은 조국이 싫어서 나온 엘리트 청년들이였습니다. 한국에서 염색공장에 다니면서 고생을 하여도 주일에 교회에 나올 수 있으니 좋다고 하였습니다. 그들에게 성경을 영어로 가르쳐 학습 세례를 받아 그들은 드디어 크리스천이 되었습니다. 불법체류자인 그들 중 MR. Raouf는 뉴질랜드로 가서 난민 신청을 하여 받아졌고, 현재는 오클랜드에서 이란 전문 식당을 하는 사장이 되었습니다. Raouf 씨가 뉴질랜드로 가기 전에 그와 저는 3개월을 함께 기도하였습니다. 불법체류자로써 한국을 떠나 제3국으로 가는 것은 큰 모험이었습니다. 그와 저는 온전히 하나님께 모든 것을 맡기고 기도하였습니다. 하나님은 그와 동행하셨습니다.

뉴질랜드로 간 후 2년이 지나서 그는 저에게 이메일을 보냈습니다. 테헤란에 있는 어머니가 무슬림 처녀를 소개하며 결혼하라고 한다는 것이다. 저는 바로 답장을 하였습니다. 당신을 사랑하시고 축복하신 하나님의 손길을 벌써 잊었느냐고 물었습니다. 절대 무슬림 여자와 결혼할 수 없으니 어머니에게 그렇게 말씀드리라고 하였습니다. Raouf 씨는 알았다며 크리스천 처녀를 찾아 결혼하겠다며 저에게 답글을 보내 왔습니다. 그 후 1년이 지나서 뉴질랜드에서 크리스천 처녀를 만나 결혼한다며 저를 초청하였습니다. 요즈음도 가끔 페이스북을 통하여 그의 소식을 듣습니다.

이주 노동자들에게는 많은 문제들이 있습니다. 대부분이 불법체류자인 그들을 악용하는 일부 기업인들이 있어서 몇 개월씩 월급을 안주고 내쫓는 경우가 비일비재하여 공장주를 찾아가 사정을 하는 것은 저의 일이 되었습니다.

또한 그들이 병이 났을 때에 의료보험증이 없어서 병원을 데려가는 것은 큰 문제였습니다. 이때에 최일도 목사님께서 천사병원을 개업하여 많은 도움을 받았습니다. 그 병원에서 이란청년 하디는 하혈을 치료받았고, 몽골 노동자 두 명은 다리 수술을 받았습니다. 한 몽골 청년은 폐결핵으로 사망했습니다. 벽제 화장터에서 화장하여 본국으로 보냈습니다. 그때가 추석날이었는데 벽제 화장터를 나오면서 펑펑 울었습니다.

길을 걷거나 공장에서 일하다가 법무부 단속에 걸려서 출입국관리소로 넘어가면 면회를 가야 되고, 그들을 출국시키는 일도 해야 되었습니다. 2, 3일내에 그들이 출국하지 못하면 그들은 화성에 있는 외국인 보호소로 넘어갑니다.

한번은 리또라는 필리핀 남성이 공장에서 경찰에 의하여 체포되었다고 저에게 전화가 왔습니다. 사장이 월급을 3개월이나 안 주어서 집세, 전기세, 물세를 못 내어 집주인 아줌마가 나가라고 하여 그날 월급을 달라고 하였더니, 사장이 돈이 없다고 하여 원단을 들었답니다. 사장은 자기를 위협했다고 경찰에 신고하여서 지구대로 끌려 왔다는 것입니다. 자신은 원단을 팔아서 월급을 달라고 한 것이라고 했습니다. 그에게는 트리스타라는 심장병이 있는 딸이 있었습니다. 그는 그 딸과 함께 출국시켜달라고 하여서 서류를 만들기 위하여 출입국관리소로 갔습니다. 그의 딸은 부인이 7개월 만에 조산 하여 인큐베이터에서 3개월을 자란 아이였습니다. 이 아이는 심장병이 있어 누군가의 도움이 꼭 필요한 아이였습니다.

직원에게 사정을 이야기하여 서류는 만들었으나, 리또는 억울한 심경을 토로하면서 월급을 받아야 출국하겠다고 하여 화성으로 다시 수감되었습니다. 사장을 수차례 만나서 이야기하였으나 줄 기세가 안보였습니다. 결국 리또 아내를 통하여 그를 설득하게 하여 그는 20여일 만에 딸 트리스타와 함께 출국하였고 그의 아내는 아직도 한국에서 일을 하고 있습니다.

이러한 일을 27년간 하였습니다. 그동안 통역실은 외국인부로 승격되어 외국인부 부장으로 봉사를 하였습니다. 저와 함께 외국인부에서 통역을 담당하시다가 케냐에 선교사로 파송된 박재덕 선교사님이 지난주 케냐에서 귀국하시여 지금 이 자리에 오셨습니다. 부인 이순안 선교사님과 아들 진수도 함께 참석하셨네요. 잠깐 자리에서 일어나시죠. 여러분 박수로 격려하여 주시면 고맙겠습니다. 박민정 목사님과 이라크에서 귀국하신 김용제 집사님도 저와 함께 봉사하시던 분들입니다. 잠깐 일어나 인사를 드리시죠.

2008년에는 장석교회 안에 필리핀 전용 교회로 Living Stone

Filipino Community Church가 설립되었고, 필리핀 교회의 제1대 담임으로 필리핀인, 후레드릭 카멜레오 목사님이 초대되었습니다. 2009년에는 몽골교회가 설립되었습니다. 몽골교회 제1대 담임으로 몽골인, 뭉크바타르 목사님이 초빙되었습니다.

저는 2012년 몽골로 외국인부 부원들과 선교여행을 다녀왔습니다. 불법체류자로 체포되어 본국으로 돌아간 성도들이 많이 있어서 그들의 신앙을 도와주기 위하여 그들의 가정을 방문하고 가족과 함께 기도하며 재회의 기쁨을 만들었습니다. 우리를 보기 위하여 3일간 차를 운전하고 오신 분도 있었습니다. 본국으로 돌아간 몽골인들은 주일에 교회를 나가지 못하고 있었습니다. 직장에서는 일 년에 한 달간의 휴가는 있는데 주일에도 일을 한다고 했습니다. 교회에 나가지 못하면 집에서 또는 직장에서 기도하고 예수님을 늘 생각하며 살라는 충고를 하고 우리는 몇몇 교회를 돌며 선교 헌금, 쌀, 옷가지를 전하여 주었습니다. 마지막 날 선교집회로 200여 명을 초대하여 큰 행사를 하였고 여기서 그들은 예수님을 영접하며 눈물로 기도하는 기적도 일어났습니다.

현재는 중국인도 많이 오고 있습니다. 저는 UCCP(필리핀 총회)로부터 2012년 감사패를 받았습니다. 모든 것은 하나님이 하셨음에도 불구하고 말입니다.

외국인을 섬기는 동안 인도네시아인 한 쌍과 필리핀자매와 미국인의 결혼도 외국인부에서 이루어졌습니다. 이들의 결혼증명서는 제가 대학 때 다니던 루터란서비스센터의 미국인 목사님께 부탁하여 서류를 가져다가 작성하여 그들이 출국할 때 보냈습니다. 하나님의 계획이 얼마나 주도면밀하신지요.

저는 루터란서비스센터에서 결혼을 한 유일한 한국인입니다. 좀 부끄러운 이야기를 하겠습니다. 당시에 저의 아버지가 결혼을 반대하여 남편 될 사람을 데리고 담임이신 라인케 목사님께 가서 사정을 이야기 하였더니 걱정하지 말라고 하면서 주례는 당신이 하고, 사모님은 웨딩케이크까지 구워서 파티를 열어 주겠다고 하였습니다. 우리는 그곳에서 결혼을 하였고 영어로 작성된 결혼증명서를 받았습니다. 우리의 결혼은 Washinton DC에 보고가 되어 있으니 이혼하려면 Washinton DC에 가야한다고 당시 라인케 목사님은 말씀하셨습니다. 이것도 하나님께서 이주노동자와 다문화 가정에서 일어날 사건을 미리 아시고 저를 먼저 그곳에서 결혼시키신 것입니다. 이와 같은 하나님의 역사를 저는 몇 십 년 후에 알았습니다.

저는 퇴직 후 적극적인 작품 활동을 시작하였습니다. 연세대학교 의료원에 있을 때에 원목실에서 발간하던 세브란스지에 시와 수필, 번역한 시를 때때로 발표하긴 하였으나 작품을 쓸 시간이 여의치 않았습니다.

퇴직 후 수필로 등단한 후 지금은 시도 함께 쓰고 있습니다. 작품을 쓰면서 제가 요즈음 고민하고 있는 것은 하나님의 사랑과 뜻을 어떻게 하면 읽는 독자로 하여금 느낄 수 있게 하나입니다.

저의 작품 중 「영혼의 주름」이란 시는 서울 지하철 스크린 도어에 적혀 있습니다. 3호선 수서방향 동대역 2~3, 1호선 청량리방향 동대문역 3~3에 있습니다. 혹시 그곳에 내리시면 찾아 읽어 주시면 고맙겠습니다.

이 시는 한국기독공보 신문에 명시로 뽑혀서 해설된 것입니다. 저의 시 세계는 하나님이 창조하신 자연이 저의 삶 속에 깊이 들어와 가슴을 흔들고 시정을 일으켜 세상의 환난과 고통 가운데서도 행복과 평안을 누리게 함을 표현합니다.

학창시절부터 직장생활에 이르기까지 저를 훈련시키시어 퇴직 후 이주노동자와 다문화가정을 위하여 봉사하게 하신 하나님의 손길을 두서없이 말씀드렸습니다. 저를 자랑한 것처럼 들리셨다면 용서하여 주시고 오직 예수님만 기억하시고 그분의 능력만 기억하여 주시기 바랍니다.

아침에 일어나 기도 후 하루의 삶을 시작하며 기도로 잠자리에

들 수 있음을 늘 감사하며 살고 있습니다. 문학 이야기보다는 신앙 이야기를 더욱 많이 한 것 같습니다.

앞으로 제가 하고 싶은 것은 하나님의 사랑과 뜻을 아름다운 시로, 수필로 작품화 하는 것입니다. 그분을 사랑하는 사람들이 많아지기를 기도하면서요.

저의 작품도 하나님께서 영광 받으실 수 있도록 노력하여 발표할 것입니다.

텍사스 휴스톤에 있는 Lakewood church의 Joel Osteen 목사가 말씀하신 다음의 말을 저는 좋아합니다.

> "I am blessed. I am healthy and prosperous. I am competent. I am anointed. I am God's masterpiece. I am talented. I am well able to fulfill my destiny."

결어로 이사야 58장 11절 말씀을 드린 후 저의 시, 두 편을 낭송 후 강의를 끝맺겠습니다.

이사야 58장 11절 : 여호와가 너를 인도하여 메마른 곳에서도 네 영혼을 만족하게 하며 네 뼈를 견고하게 하리니 너는 물댄 동산 같겠고 물이 끊어지지 아니하는 샘 같을 것이라.

저의 시를 낭송하겠습니다.

가랑비 받아 영혼의 주름에 뿌린다./ 뜨거운 햇살 받아 젖은 영혼의 주름을 편다./ 푸르름 찾아 주름 없는 영혼은 높이높이 날아오른다.

–「영혼의 주름」

정의롭고 경건하여 늘 성령 안에 있어/아기 예수, 메시아를 기다린 시므온./ 성전을 떠나지 아니하고 금식하며 기도하며/ 아기 예수, 메시아를 기다린 안나.// 하나님의 약속대로 아기 예수, 메시아를 만나/ 하나님께 찬양하며, 감사한 시므온과 안나./ 시므온과 안나처럼 주님 약속 믿고, 성령 안에 있어/ 인내로 기다려 예수 만나 하나님께 감사하며 찬송하게 하소서.

–「시므온과 안나처럼」

지금까지 경청하여 주신 여러분께 감사드립니다.

노마드 시대인 21세기에 여러분이 어디에 계시던지 예수님의 향기를 품어 Mission에 일익을 감당하시기를 바랍니다.

여러분의 앞날에 하나님의 은혜와 크신 축복이 함께 하시기를 기원합니다. 감사합니다.

2014년 8월 5일

'작가의 삶과 신앙'을 Mission Island Arts Festival에서

생명을 다시 주신 그분

맑고 화창한 날이다. 구름 한 점 없는 창공을 차창 밖으로 바라다보는 장석의 식구들은 부푼 가슴이 더욱 부풀어 오르는 듯 보였다.

미국 샌프란시스코를 거처 리노영락교회 김우권 담임목사의 취임을 축하하며 격려하기 위하여 장석교회의 담임목사 부부와 부목사인 최목사, 안수집사, 권사, 집사 등 20명이 인천공항으로 향하고 있다.

16시 40분에 떠난다고 하던 아시아나 비행기는 17시 20분에 이륙을 시작하였다. 비행기는 순항하며 태평양을 4시간가량 날아

갔을까 할 때에 기내에 안내 방송이 시작되었다.

"이 비행기의 조종사입니다. 비행기 엔진이 4개인데 한 개의 엔진에 이상이 생겨서 이대로는 샌프란시스코에 갈 수 없어 오사카 간사이공항으로 회항합니다. 양해를 바랍니다. 감사합니다."

기내는 숨소리도 안 들렸다. 모두들 무사히 간사이공항까지 가기를 기원하는 마음이었을 것이다. 장석의 성도들은 모두들 고개를 숙이고 있어서 기도를 하는 모습이었다. 나도 고개를 숙이고 조종사가 엔진의 고장을 발견할 수 있도록 도우신 그분께 전심으로 감사를 드리며 무사히 간사이공항에 도착 할 수 있기를 기도했다.

몇 시간이 지나서 비행기는 간사이공항에 잘 도착하였고, 모든 승객은 절차를 밟아 다른 아시아나 비행기를 탔다.

예정 도착 시간에 샌프란시스코에서 조카를 만나기로 한 나는 간사이공항에서 조카에게 전화를 걸어 사연을 이야기하고 만나는 것을 취소하였다.

비행기가 간사이공항을 이륙할 때는 인천에서 이륙한 비행기가 샌프란시스코 공항에 도착할 시간쯤이었다. 우리는 예정보다 12시간 늦게 밤 10시에 샌프란시스코에 도착하였다.

간사이공항을 떠나서 식사를 다시 두 번 더 하였다. 아시아나는 승객들에게 미안한 표시로 $50권 2장을 주었다. 이 돈을 받아든 승객들의 입가에는 미소가 흘렀다. 그동안 가슴을 졸였던 일은 다 잊고 공돈에 흐뭇한 표정들이다.

여기저기서 그 돈으로 기내 Free Duty 물품을 산다고 주문이 쇄도하였다.

우리가 탄 비행기는 최신 비행기인 에어버스로 2층까지 잘 갖춰진 비행기였다. 누가 엔진의 고장을 생각이나 했을까. 이륙 전에 모든 점검을 끝내고 완전한 상태에서 인천을 떠났을 텐데.

앞을 1분 1초도 내다 볼 수 없는 인간들이다.

생명을 주관하시는 그분만이 우리의 삶을 디자인하시고 이끌어 가심을 다시 체험하며 생명을 다시 주신 그분께 감사를 거듭 거듭 들인다.

(2015. 2. 26.)

30년 봉사를 마치며

회색 하늘에서 하얀 눈이 펑펑 쏟아진다.

참새들이 눈 쌓인 나뭇가지에서 눈을 맞으며 한낮 시간을 즐기고 있다.

2014년 12월 15일 권사회가 11시 장석 아트홀에서 있다는 조장 권사의 연락을 받고 아트홀로 향했다. 순서지를 받고 보니 은퇴하는 여섯 명의 권사들 이름에 나의 이름이 들어 있다. 나의 이름을 읽으며 흐뭇한 미소가 흘렀다.

장석교회에서 집사로 권사로 봉사한지가 30년이 되었다. 한국에 와서 불법체류자로 고용되어진 외국인 노동자들과 다문화 가정을 이룬 외국인들을 위하여 28년간 고통과 기쁨을 같이 하였고, 최근 2년간은 어린이 영어예배에서 어린이들과 함께 영어로 찬양하며 율동하고 말씀을 듣고 영어성경을 암기하며 지냈다. 동심으로 돌아간 아름다운 시간들이였다.

1986년 외국인을 위하여 나는 처음으로 동시통역을 시작하였다. 한국말을 모르는 필리핀인들이 당시에는 수십 명씩 주일에 와서 예배에 참석하였다가 돌아가곤 하였다. 그 후 1994년 새성전으로 교회를 옮기면서 통역실이 정식으로 출범하였고 이는 외국인부로 발전하였다.

외국인부에는 필리핀뿐만 아니라 몽골, 중국, 스리랑카, 베트남, 인도네시아, 우즈베키스탄, 캄보디아, 이란 등에서 한국으로 코리언 드림을 갖고 온 사람들이 모이기 시작하여 주일예배는 다국적 사람들이 모인 예배였다.

이들 대부분은 불법체류자로 가내공업을 운영하는 소규모의 공장에 고용되어 일을 하였다. 경제적인 여유가 없어 일반적으로 지하 월세방을 얻어서 생활하였고 근로환경도 좋지 않아서 건강에는 늘 문제가 따라다녔다.

그러나 병원을 마음 놓고 갈 수도 없어 외국인들에게 혜택을 주거나 밤에 진료를 보는 크리스천 병원을 찾을 수밖에 없었다.

필리핀 대사관 영사 및 직원과 함께

그도 받아주면 다행이었다. 필리핀 부부가 몇 주 동안 보이지 않은 일이 있었다. 부인에게 전화를 걸어 물어 보았더니 남편이 당뇨, 고혈압이 있는데 요즈음 눈이 잘 안보여서 혜화동에서 주일에 약을 타다 먹는다고 한다.

혜화동에서는 성당에서 미사를 보고 서울대 병원에서 의사들이 나와 외국인들을 무료로 진료하고 약을 준다고 하였다. 그런데 효과가 없다고 한다. 우리 교회에서도 매월 마지막 주일에 무료 진료가 있었다. 다음 주가 마지막 주일이니 꼭 나오라고 부탁하였다. 아르만도 부부는 주일에 나왔다.

예배를 마친 후 내과의사인 C 집사에게 이들을 데리고 갔다. 진료를 하더니 내일 자신의 병원으로 데리고 와서 피검사를 하자고 한다. 눈이 잘 안보일 정도면 다른 장기도 파괴되었을 것이라고 한다. 아르만도는 다음 날 나의 손을 잡고 닥터 C 집사의 병원을 찾았다. 피검사, 소변 검사, 혈압 등을 체크한 의사는 큰 병원으로 가서 안과 수술을 받아야 되겠다고 한다. 그냥 두면 곧 실명할 것이란다. 거기서 의뢰서를 받아 국립의료원을 무조건 찾아갔다.

불법체류자라도 공장주가 고용을 인정하면 수술이 가능하다는 소문을 듣고 안과 과장을 찾아 갔다. 고혈압과 당뇨가 있으니 입원하여 내과 검진을 받고 나서야 안과 수술을 할 수 있다고 한다. 입원비와 수술비 등이 걱정되었다. 사회사업과를 찾아가 사정을 이야기하고 공장주와는 전화로 확인을 받고(문제가 생기면 내가 책임지겠다는 약속 하에) 그는 드디어 입원하게 되었다.

안과 수술을 받기까지는 두 차례에 걸쳐 입원하였고 수술도 두 번 받았다.

그 후 그는 부인의 손을 잡지 않고도 걸을 수 있게 되었다. 고혈압 약도 단위가 높은 것으로 C 집사가 매달 처방하여 주는 것을 복용하고 있다.

필리핀인 샬리도 자궁절제 수술을 그곳에서 받았다. 이란인 하디 씨는 천사병원에서 치핵 수술을 받았다. 몇 명의 몽골사람들은 건설현장에서 다리를 다처 천사병원에서 치료와 기브스 등을 받았다.

이들 불법체류자를 이용하는 악덕 고용주들이 있다. 2, 3개월 고용하고 월급을 주지 않고 내보낸다. 어떤 사람들은 5, 6개월씩 월급을 받지 못해 고통을 당하기도 하였다. 그들은 이런 불이익을 당해도 신고할 수도 없다. 불법체류자이기 때문이다. 신고하면 바로 체포되기 때문이다.

우리 교회에서는 형편이 어려운 외국인 노동자들에게 쌀과 최소한의 생활비를 지원했다.

갑자기 불법체류자 단속망에 걸려 직장에서나 길을 가다가 체포되어 준비 없이 본국으로 출국해야 될 때는 어찌할 바를 몰랐다. 10여 년 전에 추석을 기하여 나는 필리핀 성도들과 함께 기도원을 찾았다. 그들은 찬양과 기도로 모든 시름을 잊고 1박 2일의 수련회를 마치고 각자 집으로 돌아갔다.

헌데 그다음 날 레아니라는 필리핀 성도가 체포되어 출입국관리소로 갔다는 소식이 왔다. 난 절망하였다. 그녀를 향한 하나님의 계획을 알 수가 없었다.

Living Stone 필리핀 교회의 1대 담임목사였던 Fredrick Camelo는 여자 성도가 아기를 낳은 후 15일 만에 그 아기를 친구를 통하여 마닐라로 보낸다는 소식을 듣고 자기도 아빠인데 어떻게 이럴 수가 있느냐며 눈물을 감추지 못하였다. 아기 엄마도 나도 목사님도 눈물을 멈출 수가 없었다. 그러나 아기는 보내져야만 한다. 누가 아기를 돌볼 수 있겠는가. 부부가 다 공장에 나가야만 필리핀에 있는 가족을 부양할 수 있기 때문이다.

필리핀 여성 성도들과 몽골 여성들이 한국인 남자들과 결혼하여 함께 교회를 찾아 왔다. 이들의 성도 수도 날로 늘어 갔다. 어떤 이는 결혼 후 아이와 부인을 버리고 자취를 감춘 비양심적인 남자도 있었다. 부인은 필리핀 성도였다. 그녀를 돕기 위하여 국제변호사를 찾아 해결하려 하였으나 전혀 도움을 주지 못하여 지금까지도 마음이 아프다. 임신한 그녀를 버리고 남편이 사라져 홀로 아들을 낳아 키웠다.

필리핀교회와 몽골교회가 설립되어 따가로그를 말하는 필리핀 목사와 몽골어를 말하는 몽골 목사를 초빙하고서는 나의 짐이 많이 줄었다.

보람된 일도 있었다. 이란 청년 다섯 명이 우리 교회에 몇 년

외국인 성경 공부

간 다녔다. 그들은 다 학습, 세례를 받았다. 하디라는 청년은 천안에서 매주 장석교회를 찾았다. 그중에 Raouf라는 청년이 있었다. 그는 세례를 받은 후 뉴질랜드로 갈 결심을 하고 나에게 기도를 부탁하였다. 그와 그의 친구들과 나는 3개월을 기도하였다. 드디어 그가 출국할 날이 가까웠다. 그의 친구 메다드와 함께 우리는 나의 집 근처에 있는 식당에서 불고기를 먹기로 하였다. 저녁 6시에 만나기로 하였으나 3월초인데 눈이 펑펑 오늘처럼 쏟아졌다. Mr. Raouf는 좀 늦겠다고 전화가 왔다. 메다드도 늦겠다고 하였다. 그날 우리는 8시가 다 되어 만났다. 난 Raouf 씨에게 말했다.

"하나님은 당신을 아주 많이 사랑하십니다. 뉴질랜드에서는 눈을 볼 수 없으니까 한국을 떠나기 전에 눈을 많이 보라고 이렇게 펑펑 쏟아 부어 주시는군요."

이 말에 Raouf 씨는 "Thanks God, My Lord!" 하였다.

그는 무사히 뉴질랜드의 수도 오클랜드에 안착하였고, 예수 잘 믿는 아내와 결혼을 했다. 그의 친구 메다드 씨는 아직 결혼하지 않았으며 도쿄에서 사업을 하고 있다.

이란의 한 청년은 터키로 가서 잘 살고 있다. 얼마동안 그와 이메일을 주고받았으나 최근에는 연락이 안 되고 있다.

하나님은 학창시절부터 나를 훈련시키시어 외국인들을 돕는 봉사를 하게 하시였다. 1960년대 내가 대학을 다닐 때에는 외국인들을 만나기 어려웠다. 그러므로 난 주일에는 용산에 있는 미8군 캠프 내에 있는 교회를 다녀서 선교사와 장교들을 만날 수 있는 기회를 갖게 되었다.

이는 내가 영어교사로 있다가 연세대학교 연세의료원 행정실장으로 일하게 된 동기도 되었다.

의료원에서 Medical Terminology(의학용어)를 배웠는데 이는 이주노동자들을 데리고 병원에 갔을 때에 의사의 말을 그들에게 잘 전달할 수 있었던 것이다.

부족한 나를 오랫동안 훈련시키셔서 하나님 일에 30년간 봉사하게 하신 것에 마음 깊이 감사드린다. 하나님의 계획은 어찌 그리 세밀하신지요.

나의 사랑하시는 주님! 30년간 저를 붙드시고 날마다 시간마다 눈동자와 같이 지키시며 봉사하게 하신 것 감사합니다. 특히 힘없고 약한 이주노동자와 다문화 가정의 문제를 도울 수 있도록 하신 것에 감사합니다.

지금까지 영혼의 건강과 함께 육체의 건강도 지켜 주셨음을 감사드립니다.

은퇴를 하면서 고백하여야만 되겠기에 감사의 마음으로 그동안 기쁨으로 이주노동자와 다문화 가정을 위하여 함께한 일을 잠깐 피력하였습니다.

아버지! 저의 남은 날들도 30년간 인도하여 주신 것처럼 지키시고 은혜로 축복하여 주실 것을 믿고 감사드립니다.

나의 하나님! 마음 속 깊이 한 번 더 감사드리며 이 영광을 주님께 드립니다. Hallelujah! 할렐루야!

내 정원의 페치카에서

2015년 8월 25일 초판 인쇄
2015년 8월 30일 초판 발행

지은이 / 김형애
발행인 / 강석호

발행처 / 도서출판 교음사
편집 / 隨筆文學社 出版部

03147 · 서울 종로구 삼일대로 457 수운회관 1308호
Tel (02) 737-7081, 739-7879(Fax)
e-mail : goessay@kornet.net
등록 / 제300-2007-52호

* 잘못된 책은 교환해 드립니다. 값 13,000원

ISBN 978-89-7814-668-5 03810